はじめに

　縄文を世界遺産へ、というこの壮大な企ては、そもそも国の特別史跡・三内丸山遺跡を擁する青森県の三村申吾知事を先頭に北海道、岩手および秋田各県知事が、この地域の縄文文化を語らうなかで始まったと聞きます。そして世界遺産推薦に向けての国の呼びかけに応じ、岡田康博さんはじめ、まことに多くの方々の、じつに息の長い努力が続けられたのです。私がお手伝いをさせていただくようになってからでも、もう10年以上になります。

　それ以来、専門家委員会の一員として側面的に協力するのみでしたが、そうした会議で、また研究者仲間の批判や市民の方々からの質問にお答えするなかで、私じしん、じつにいろいろ理解を深めることができたのです。世界遺産特有の基本的理念であるOUVをはじめ、真正性、完全性、万全の保存管理の大切さはもちろん、たとえば推薦対象はなぜこの地域なのか？なぜこれらの遺跡なのか？　そして、そもそも世界遺産登録の意義は？等々。

　これらは、もちろんどれも重要で、しかも容易には解決のつかない難問ばかりです。ただ、これらについて私なりの考えは、すでに幾度か別の機会にお話しもし、書かせて頂いていますから、ここではもう繰り返しません。

　いっぽう私は、この大きな文化じたいについても改めて多くを学びました。たとえば、縄文文化が農耕・牧畜なしに採集・漁労・狩猟と、クリ・ウルシ・マメなど有用植物の資源管理を基盤に、開放的な集落に拠りつつ、じつに１万年以上にもわたって定住生活を続けたこと、世界でも稀な生物多様性に恵まれた列島の中で、自然環境の大規模な改変なしに生態系に適応しつつ持続可能な社会を維持し続けたこと、さらに、土偶など心の道具にうかがえるような豊かな精神性、アニミズムや送りの思想などを持っていたらしいこと、などなどです。

　そしてこの列島の先住者たる縄文人は、やがて新来者弥生人と遭遇するのです。両者は列島各地でさまざまに接触し、反発し、衝突し、あるいは融合し混血もしたでしょう。いずれにせよ、金属製の利器と水稲を携えて列島に最初の本格的農耕文化を扶植した弥生人が、後の政治・軍事的国家に連なる、いわば父性的な文化を植え付けたのに対し、縄文人はそれに先立って広く列島に在り、そこに生きることとなるすべての人間集団に連なる母性的な文化を育んでいたのです。縄文文化こそは、その意味で日本列島における母なる基層文化といえましょう。当然、その後の列島の人と文化は、この縄文と弥生の二者に基盤的ルーツを持つわけです。

　これからは、不幸な捏造事件以来滞ってきた列島の旧石器文化の追究に努め、それを担った人々をはじめアイヌ民族を含む極東アジア人類史という大きな視野のなかで、改めて縄文を考えてほしいと願っています。

縄文遺跡群世界遺産登録推進専門家委員会委員長

早稲田大学名誉教授　　菊池徹夫

目　　次

第1部
北海道・北東北の縄文文化

世界遺産になった！

縄文遺跡

1. 縄文遺跡群の顕著な普遍的価値

　青森県・北海道・岩手県・秋田県の4道県及び関係自治体では、域内に所在する縄文時代の史跡や特別史跡などで構成する「北海道・北東北の縄文遺跡群」（名称　Jomon Prehistoric Sites in Northern Japan　以下推薦資産と呼ぶ）の世界文化遺産登録に向けて取り組みを進めてきた。

　2009年にユネスコの暫定一覧表に追加記載されて以来、長年の準備を経て、今年2021年の世界遺産委員会で登録が審議、決定した。

1　推薦資産の概要

　推薦資産は日本の歴史の時代区分では縄文時代に属する。縄文時代は紀元前約13,000年前に始まり紀元前約400年前まで続いた狩猟・採集文化の時代である。旧石器時代が終わり、急激な気候温暖化は日本列島に落葉広葉樹林の拡大と海水面上昇による内湾の形成など、大きな生活環境の変化をもたらした。新たに海や森の豊かな資源を利用する機会が増え、狩猟・採集や漁労を基盤とした定住が始まった。土器が誕生し、資源を利用するための道具類も発達し、石鏃や石匙などの道具も出現した。土偶などに見られる精神世界も充実するようになった。やがて集落が出現し、地域社会を支える祭祀や儀礼、さらに交流・交易も活発に行われた。縄文時代は1万年以上もの長きにわたって継続し、本格的な農耕や牧畜を伴わずに、定住が開始－発展－成熟した世界的にも希有な文化である。

2　縄文遺跡群の顕著な普遍的価値

　世界遺産は顕著な普遍的価値（OUV）を持っていなければならない。「顕著な普遍的価値」とは世界で通用する人類共通の価値とされ、ユネスコは「評価基準の適応、真実性・完全性の担保、適切な

図1　推薦資産の範囲と構成資産

表1　世界遺産の評価基準（部分）

（Ⅲ）現存する、あるいはすでに消滅してしまった文化的伝統や文明に関する独特な、あるいは稀な証拠を示していること
（ｖ）ある文化（または複数の文化）を特徴づけるような人類の伝統的集落や土地利用の優れた例であること。特に抗しきれない歴史の流れによってその存続が危うくなっている場合。

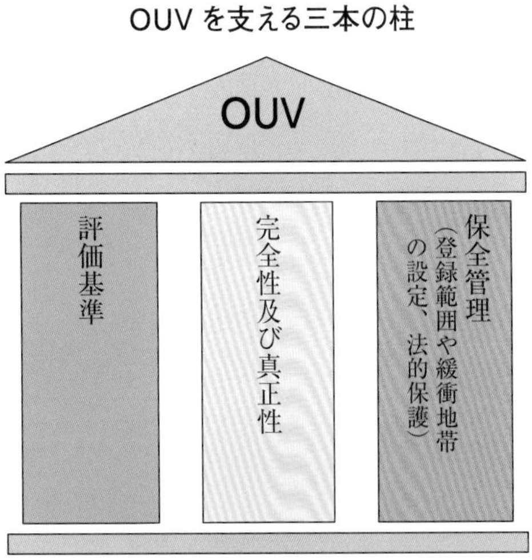

保護措置」の3本の柱からなるとしている。

（1）評価基準の適応

①評価基準の適応については、『世界遺産条約履行のための作業指針』に示された基準（現在は評価基準と呼称）のどれか一つ以上に該当することを明確に説明しなければならない。

縄文遺跡群については、表1-ⅢとⅤの基準が適応される。

Ⅲについては、森林資源・水産資源を持続的に管理することによって採集・漁労・狩猟を生業の基盤とし、約1万5千年前には土器の使用とともに定住が開始した。その後1万年以上にわたり、本格的な稲作農耕に移行することなくこの生活様式は継続した。この間、環境の変化や大規模な火山活動、地震等があったものの、巧みに適応したことで、人々の生活が続いた。

また、ブナなどの冷温帯広葉樹林が広がるこの地域は，堅果類など森林資源が豊富であり、海には暖流と寒流が合流し、回遊魚など多様な水産資源も獲得できた。

一方、精緻で複雑な精神世界を構築したことも明らかになっており、礫や組石を円環上に配置した環状列石などがある。環状列石には単数や、複数、多重のものなど様々な形式があり、中には太陽の運行や周辺地形を意識して、列石を配置したと思われるものもあって、当時の人々の世界観をうかがい知ることができる。それらを通して豊穣を祈念し、あるいはまた人々の関係性が育まれたと考えられる。

墓及び墓域もまた先祖を追慕・崇敬した証左である。貝塚や盛土などの捨て場もまた祭祀施設としての機能を有していた（「祭祀・儀礼と盛土」の項を参照）。

表1-Ⅴで示されるように、生活の拠点である集落の立地環境は、生業と密接に関わって、人々の世界観を強く反映していたものと推測される。遡上するサケを捕獲しやすい河川付近や、汽水性の貝類を得やすい干潟近く、あるいはブナやクリが群生する森林など、集落の選地には多様性が見られ、食料を獲得するための技術や道具類も発達したとみられる。

海進期には高い丘陵地に、海退期には食料を得やすい海岸近くに集落を営むなど、気候変動による海水面の変動に

OUV を支える三本の柱

OUV

| 評価基準 | 完全性及び真正性 | 保全管理（登録範囲や緩衝地帯の設定、法的保護） |

図2　顕著な普遍的価値

も対応しつつ、豊富な水産資源と森林資源を利用することによって、採集・狩猟・漁労の生活を長期間継続することができた。

（2）定住の変遷と構成資産

推薦資産は、定住の過程を開始、発展、成熟の三段階に区分し、それぞれにおける環境適応、集落構造と立地、祭祀・儀礼のあり方などを切れ目なく説明できる。

列島の中でこの地域ではいち早く土器が出現した。外ヶ浜町大平山元遺跡の出土土器炭化付着物の高精度年代測定結果では約15,000年前という結果を得ており、移動に適さない土器の出現は定住の開始を宣言したものと考えられている。

縄文海進が進む中、各地では生活の拠点となる集落形成が進んだ。函館市垣ノ島遺跡では居住域と墓域が明確に分離されている。伊達市北黄金貝塚、つがる市田小屋野貝塚、七戸町二ッ森貝塚では、海洋に適応した生活や水場、捨て場が形成され、祭祀・儀礼の内容も具体的に知ることができる。

やがて、青森市三内丸山遺跡や函館市大船遺跡、一戸町御所野遺跡など地域を代表する拠点集落が出現した。規模も大きく、継続期間が長いこれらの集落は、居住域、墓域に加えて貯蔵施設や盛り土、祭祀・儀礼の空間も顕著となった。

縄文時代後半の一時的な寒冷化によって集落が小規模となり、拡散・分散するが、集落外に青森市小牧野遺跡、鹿角市大湯環状列石、北秋田市伊勢堂岱遺跡などの大規模環

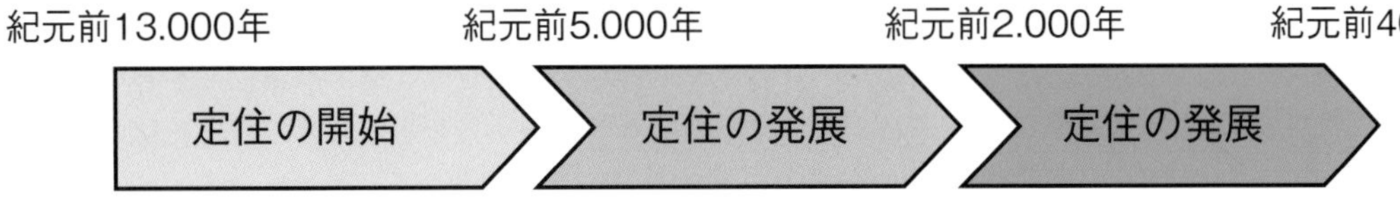

紀元前13,000年	紀元前5,000年	紀元前2,000年	紀元前400年
定住の開始	定住の発展	定住の発展	

ステージⅠ		ステージⅡ		ステージⅢ	
前半	後半	前半	後半	前半	後半
大平山元遺跡	垣ノ島遺跡	北黄金貝塚	大船遺跡	入江貝塚	高砂貝塚
		田小屋野貝塚	三内丸山遺跡	大湯環状列石	亀ヶ岡遺跡
		二ッ森貝塚	御所野遺跡	伊勢堂岱遺跡	是川遺跡
				小牧野遺跡	キウス周堤墓群
					大森勝山遺跡

図3　定住の変遷と構成資産

状列石が出現する。これらは墓地であるとともに祭祀・儀礼の場でもあった。複数の集落によって維持管理される施設であり、地域社会の成熟を示すものでもある。それらを支えた集落の典型として洞爺湖町入江貝塚がある。北海道では千歳市キウス周堤墓のように、大型の土手で墓の周りを囲む独特の形状をした墓地も作られた。

さらに共同墓地と呼べる多数の墓で構成される洞爺湖町高砂貝塚、つがる市亀ヶ岡遺跡、集落の八戸市是川石器時代遺跡などに加えて、弘前市大森勝山遺跡では祭祀・儀礼を示す環状列石が構築された。亀ヶ岡遺跡や是川石器時代遺跡ではウルシによる優品が数多く出土したことも特筆され、定住が成熟した様子を物語る。

（3）完全性と真実性

完全性と真実性は世界遺産特有の表現である。完全性には二つの側面があり、一つは保存状態が良いことが求められる。日本では開発の影響を受けていない遺跡はまれだが、17の構成資産は、その全てが文化財保護法に基づき史跡及び特別史跡に指定されており、この条件に適っている。

もう一つは全体のコンセプトを満たす必要十分な遺跡でければならないことである。これについては、豊富な水産資源・森林資源を活かした生活を示すこと、精緻で複雑な精神性を表すこと、集落立地と生業との関係が多様であること、集落形態の変遷を示すこと、の4点をあげてふさわしい遺跡であることを示した。

真実性はその言葉どおり本物でなければならないということである。考古遺跡は実際の発掘調査で確認された実物の遺構が対象となる。縄文遺跡には復元建物が見られる場合があるが、復元ではなく、地下遺構の立体表示と呼ぶことにし、基本的な考え方を示すことで理解を得た。

（4）保護措置

また、文化財保護法による国の特別史跡または史跡の指定を受けるとともに保存活用計画や整備計画の策定を各構成資産で行っている。資産全体については包括的保存管理計画をすでに策定済みである。また、周辺環境（バッファゾーン）についても、各自治体が策定する景観計画によって適切に保全されている。

（岡田康博）

図4　環状列石（森町鷲ノ木遺跡）

図5　遺構の立体表示（青森市三内丸山遺跡）

縄文遺跡

2. 縄文時代の始まりと終焉

1 縄文時代の始まり

縄文時代はいつからか？これは何をもって縄文時代の指標・定義とするか、という問題とも関わり、いまだに研究者の間で議論がなされている問題である。「北海道・北東北の縄文遺跡群」においては、土器の出現をもって縄文時代の始まりとしている。土器による煮炊き調理は、可食食料の範囲を格段に広げるだけでなく、加熱調理による衛生状況の改善ももたらす。また、土器は壊れやすく移動生活に適さないため、定住の指標の一つとしても捉えられる。土器の出現は、新しい器の発明という以上に、人類社会の進化の過程において非常に重要な意味を持っている。

長らく縄文時代は、更新世（最終氷期）後の完新世の時代であると考えられてきた。縄文土器は、気候が温暖になったことに伴い、植生が針葉樹から落葉広葉樹へと変化し、豊富に実る堅果類を利用するにあたり、アク抜き・調理を効率的に行うためにつくられた、あるいは貝塚の形成に見られるように水産資源を大量に処理するためにつくられた、という理解が一般的であった。しかし、大平山元遺跡の調査成果は、日本列島における土器出現の年代が約16,500年前という、晩氷期（最終氷期末の気候激変期）の温暖期直前にさかのぼるものであることを明らかにした（図1）。近年の研究成果では、土器は最終氷期の終わりに東アジア各地において同時多発的に出現することがわかってきている（図2）。土器が出現した頃の日本列島は、寒冷で針葉樹主体の森が広がる環境であったことから、土器出現の背景についても、再考が求められるようになった。

土器出現の理由を探る上で注目されるのが、東京都あきる野市前田耕地遺跡である。第17号住居跡から尖頭器などの多様な石器と無文土器の破片、さらに大量の焼けたサケ科魚類の骨が出土している。近年進められている再整理においては、同じ住居内から出土した炭化物の年代測定によ

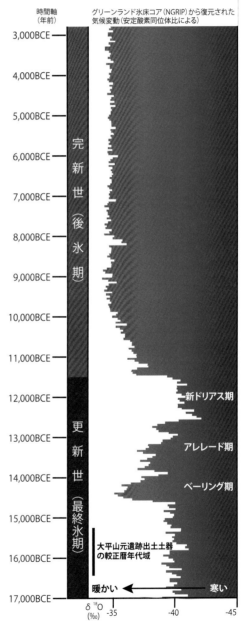

図1　縄文時代の環境変遷模式図
（『青森県史　資料編　考古1』
図Ⅱ－1－1－1を元に改変）

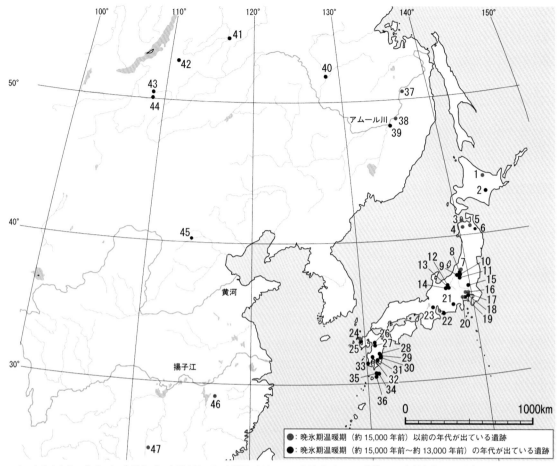

1：タチカルシュナイ　2：大正3　3：大平山元　4：鬼川辺（1）　5：赤平（1）　6：黄礫　7：久保寺南　8：小丸山　9：卯ノ木南
10：壬　11：中田D　12：仲町　13：貫ノ木　14：星光山荘B　15：野沢　16：御殿山　17：前田耕地　18：万福寺　19：月見野上野
20：宮ヶ瀬北原　21：大鹿窪　22：宮西　23：相谷熊原　24：福井洞窟　25：泉福寺洞窟　26：河陽F　27：高畑乙ノ腹　28：塚原
29：清武上猪ノ原　30：王子山　31：東黒土田　32：桐木耳取　33：志風頭　34：鬼ヶ野　35：奥ノ仁田　36：三角山I　37：フミ
38：ガーシャ　39：ゴンチャルカ1　40：グロマトゥーハ　41：ウスチ・カレンガ　42：クラスナヤ・ゴルカ　43：ストゥディノエ1
44：ウスチ・メンザ1　45：于家溝　46：仙人洞窟　47：玉蟾岩洞窟

図2　東アジアにおける土器出現期の主な遺跡（谷口2011 図20をトレース、國木田2020、Morisaki 2020を元に改変）

り、約15,800年前～15,200年前という年代値が得られている。寒冷な環境下において内水面漁労が活発に行われた事がうかがわれ、土器が水産資源利用のためにつくられた可能性を示唆するものである。また、近年注目度が高い残存資質分析や土器付着炭化物の炭素・窒素同位体分析による食性分析においても、晩氷期の日本列島や極東ロシアにおいて、土器と水産資源利用の関連を示すデータが報告されている。しかし、アムール川中流域では反芻動物などの陸上動植物利用の可能性も推測されており（國木田 2020）、一律に水産資源利用と結びつけて考えることは注意が必要である。花粉分析によると、長野県野尻湖周辺で紀元前18,000年以降にコナラ亜属の花粉が一時的に増加すること

や、福井県水月湖周辺で紀元前15,000年以前の段階に針広混合林が広がっていたことが推測されており（工藤2012）、日本列島には古くから各地域に多様な環境や生態系があったと考えられる。最終氷期という厳しい環境条件下では、後期旧石器時代後半期の段階で、各地域における様々な環境に応じた適応戦略が取られていた事が石器組成の違いから明らかとなっている。大平山元遺跡では、土器に伴って石鏃が出土しており、狩猟対象獣が大型哺乳類から中小型の哺乳類に変化した事がうかがわれ、当時の人々の生業戦略の変化にも注意を払う必要がある。土器出現の背景を探るには、各遺跡における古環境や地形、石器組成なども含め、様々な視点から調査研究を進めていくことが必要であり、今後さらなる研究の進展が期待される。

　約15,000年前頃のベーリング期／アレレード期と呼ばれる晩氷期の一時的な温暖期になると、土器の使用が普及し一般的となっていく。特に南九州においては落葉広葉樹が拡大し、土器の出土量の増加とともに、堅果類の加工に用いられたと考えられる磨石や石皿が見られるようになる。その後は、寒冷化と温暖化を繰り返しながら、約11,650年前には現在に続く温暖・湿潤で安定した後氷期（完新世）となり、日本列島全域で土器の使用が定着する。そのため、土器が普及・定着していく過程においては、植物資源利用が大きな役割を果たしたことは確かなようである。

2　縄文時代の終焉

　縄文時代の終わり、すなわち弥生時代の始まりもまた、その指標や定義をめぐり、議論が続いているところである。「北海道・北東北の縄文遺跡群」においては、水田稲作農耕の始まりをもってその画期としている。

　かつては、紀元前500年頃に北部九州に稲作が伝わり、その後200〜300年ほどで日本列島全体（北海道・沖縄を除く）へ急速に広まったと理解され、稲作に加え、弥生土器、金属器を合わせた三つの要素が弥生時代の指標と考えられていた。しかし、2003年に国立歴史民俗博物館により、弥生時代の開始が紀元前1000年頃にさかのぼるとの年代測定結果が発表され、稲作の導入が鉄器の普及よりも500年以上先行することが明らかとなった。稲作についても、

図3　砂沢遺跡の水田遺構（上）と出土土器
　　　（下：後列左端と右端が遠賀川系の土器）

図4　紀元前4～前3世紀の稲作文化の地域性
（国立歴史民俗博物館・藤尾編 2019：178頁）

参考文献

青森県史編さん考古部会編 2017『青森県史 資料編 考古1』青森県史編さん友の会

工藤雄一郎 2012「日本列島における土器出現期の較正年代について」『国立歴史民俗博物館研究報告』172

國木田 大 2020「北東アジアにおける土器の出現年代と食性分析」『物質文化』100

国立歴史民俗博物館、藤尾慎一郎編 2019『再考！縄文と弥生 日本先史文化の再構築』吉川弘文館

谷口康浩 2011『縄文文化起源論の再構築』同成社

根岸 洋 2020「弥生時代前半期における「津軽海峡文化圏」について」『国際教養大学アジア地域研究連携機構研究紀要』10

Morisaki, K., 2020. What motivated early pottery adoption in the Japanese Archipelago : A critical review. Quaternary International, https : //doi.org/10.1016/j.quaint.2020.10.006

北部九州での開始後、約600～700年をかけて各地へ伝わったこととなり、縄文から弥生への移行は急速な変化ではなく、長期間並存し段階的な移行であったと考えられる。

　青森県弘前市砂沢遺跡では、紀元前400年頃の水田跡が検出されているほか、西日本の遠賀川系の土器が在地の砂沢式土器とともに出土しており、これが本地域における弥生時代の始まりとなる（図3）。一方で、石包丁に代表される農工具類は、弥生時代中期の田舎館村垂柳遺跡で木製農具がわずかに出土している程度で、西日本における水田稲作の導入とは様相が異なる。また、他地域で弥生時代の特徴としてあげられる環濠集落や方形周溝墓、青銅器祭祀などが見られないという違いもある（図4）。砂沢式土器は、縄文時代晩期の亀ヶ岡式の特徴を色濃く残しており、土偶や土版なども出土していることから、稲作は導入しつつも縄文時代的な社会・祭祀が継続していたことがうかがえる。遠賀川系の土器については、東北地方で見られる大多数が、亀ヶ岡式土器文化の製作者による間接的な模倣という評価が一般的であり、西日本からの人の移動による直接的な技術導入の可能性は低いと考えられている。そのため、東北北部における稲作は、西日本から移動してきた人々が農耕社会の生業基盤としてもたらしたものではなく、在地の人々が多角的な生業戦略の一つとして、あるいは交換材の一種として導入したと考えられる。本地域では水田稲作が農耕を基盤とする生活や社会構造の変化、初期国家へと続く政治社会的な複雑化をもたらすことはなかった。

　北海道は冷涼な気候のため水田稲作が到達せず、引き続き採集漁労狩猟を生業基盤としながら金属器を用いる続縄文時代となる。東北北部においては、垂柳遺跡や周辺の前川遺跡、五輪野遺跡で弥生時代中期の水田が作られて以降、稲作は一旦放棄され、採集漁労狩猟を生業基盤とする生活が展開する。これは続縄文文化の南下と言われることもあるが、先述のように本地域における稲作はあくまで選択肢の一つであり、狩猟採集から農耕へという大きな変革をもたらしたものではなかった。北海道・北東北の地域文化圏は、弥生時代前半期にも継続していた事が明らかとなっており（根岸 2020）、弥生時代・続縄文時代という時代区分の名称は異なるものの、地域間では引き続き活発な交流や強いつながりがあったと考えられる。　（中門亮太）

3. 北海道・北東北の地域文化圏

　縄文時代における文化領域の存在とその区分について
は、古くから議論されてきたところである。

　鎌木義昌は縄文文化の進展と地域性として、早期から晩
期に至る各土器群と石器の組成の違いに基づいた地域区分
を提示し（鎌木 1965）、渡辺誠は暖流域と寒流域の区分、
さらにブナ帯文化など森林相の視点を加えた小文化圏を設
定している（図1上）（渡辺 1983）。小林達雄は森林植生
に加え、地理的景観や水産資源なども有力な要素としなが
ら、縄文土器の型式を包括する土器様式をもって、日本列
島を大領域、中領域、核領域の3種に分類した文化領域を
設定している（図1下）（小林 1983）。

　これら複数の文化領域が日本列島に形成された背景とし
て、佐藤宏之は、更新世から完新世への移行期に発生した
温暖化の影響で地域生態系の細区分化が発生し、その過程
で食料ターゲットを移動資源から固定資源へ転換して定住
戦略を進行したことが、地域性が確立した背後の要因であ
ると論じている（佐藤 2008）。

　こうした議論の積み重ねを経て、縄文文化のイメージは
大きく変わってきた。つまり、日本列島全体に画一化され
た文化が広がっていたのではなく、各時期を通してかなり
地域性の強い複数の文化圏（以下「地域文化圏」）が存在
し、その集合体が「縄文文化」と呼ばれているものの実体
となるのだろう。

1　地域文化圏形成の舞台

　日本列島はアジア大陸の東端の沿岸沖に弧状に連なる
島々の総称で、北から北海道島、本州島、四国島、九州
島、沖縄諸島などで構成されている。その規模は、長さ約
3,500km、幅約300kmと北東―南西方向に細長く伸びて
いるのが特徴である。

　日本列島の周辺は、ユーラシアプレート、太平洋プレー
ト、フィリピン海プレート、北米プレートが存在しており

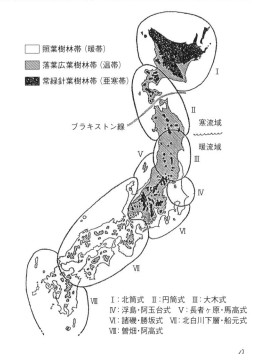

照葉樹林帯（暖帯）
落葉広葉樹林帯（温帯）
常緑針葉樹林帯（亜寒帯）

ブラキストン線

寒流域
暖流域

Ⅰ：北筒式　Ⅱ：円筒式　Ⅲ：大木式
Ⅳ：浮島・阿玉台式　Ⅴ：長者ヶ原・馬高式
Ⅵ：諸磯・勝坂式　Ⅶ：北白川下層・船元式
Ⅷ：曽畑・阿高式

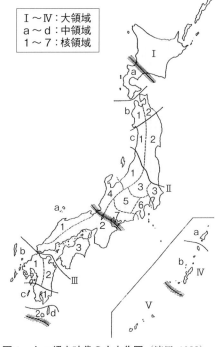

Ⅰ～Ⅳ：大領域
a～d：中領域
1～7：核領域

図1　上：縄文時代の小文化圏（渡辺 1983）
　　　下：縄文時代の文化領域（小林 1983）

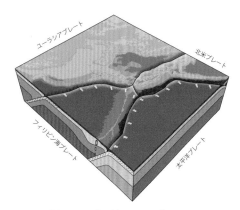

図2　日本列島周辺のプレート

図3　上：最寒冷期の古地理と海流
　　　下：間氷期の古地理と海流

（図2）、その活動、特にユーラシアプレートが太平洋プレートに衝突してその下に潜り込む圧力により、陸地においては造山運動による山地や低地が、海洋においては起伏に富んだ海嶺や地溝が形成された。

　こうして、日本列島は島嶼環境という狭い範囲にありながら、陸地においても海洋においても垂直方向に距離がある独特の地形が形成されることとなった。陸棲生物にとっては高度、海洋生物にとっては深度に適応した生物の生息域が決定されるが、垂直方向に距離があることにより様々な生物の生息域が担保されることとなった。さらに、南北に細長く延びる日本列島の地形により、地域ごとに異なる生物多様性に富んだ自然環境が形成され、それが地域文化圏を形成する舞台装置になったと考えられる。

温暖化による環境の変化

　地球の歴史は過去100万年を見ると、10万年を卓越期とし、8万年の氷期（寒冷期）と2万年の間氷期（温暖期）を繰り返している。

　氷期には凍土の発達などにより、海水面が現在から120mほど低下していたため、北海道島はサハリン島と繋がり北東アジアから南に延びる半島の先端部になっていた。本州島は四国島、九州島と繋がり、九州島北端と朝鮮半島の間に広がる対馬海峡もほぼ閉じた状態であった（図3上）。

　ところが、約16,000年前に始まる温暖化とともに徐々に海水面が上昇し、北海道島、本州島、四国島、九州島は独立した島となるとともに、対馬海峡が大きく開き、暖流の対馬海流が湖だった日本海に大量に流れ込んで北上し、北海道島北端の宗谷海峡を通ってオホーツク海へ、一方が北海道南端の津軽海峡を通って太平洋に流れ込むこととなった。また、海流が活発になったことにより、太平洋側では暖流の黒潮が北上することとなる（図3下）。この二つの暖流と東アジアモンスーンの影響により、冬に雪が降り、夏は雨の多い温暖・湿潤な気候が形成された。

森林層の変化と生態系

　寒冷・乾燥した氷期の気候から温暖・湿潤な気候への転換は、森林相に大きな変化を与えた（図4）。

　現在の日本列島の森林組成は、北海道北東部から道央部

に広がる針広混交林、道央部から本州北部の冷温帯落葉広葉樹林、本州北部から本州中部の温帯落葉広葉樹林、本州中部から九州南部の常緑広葉樹林、九州南部から沖縄諸島の亜熱帯林が、それぞれ重なるように広がっている。

　こうした森林相の違いは、南北に延びる列島の地理的な特徴が反映されたものであり、この様相は植物の生育が月平均気温で5℃以上が必要であることを基に算出した温量指数（Warmth Index）の分布にも現れている（図5）。温量指数は吉良竜夫によって提唱されたもので、その算出方法は、月平均気温が5℃以上の月についてその平均気温から5℃を引いた値を出し、次に全ての月の値を合算して求める。なお、大まかな分類では、15-45が針葉樹林、45-85が落葉広葉樹林、85-180照葉樹林、180-240が亜熱帯林の分布範囲となっている。

　森林相の違いは、主体となる高木層だけではなく、低木層、草本層、コケ層などの違いとなり、ひいてはそこに生息する動物相など、生態系の組成そのものの違いとして現われる。集落周辺を活動範囲とし、狩猟・漁労・採集という生産手段によって定住生活を実現した縄文時代の人々にとって、この生態系の違いが生活のあり方にも反映されたことは想像に難くない。なぜなら、Aという地域の環境のもとで最適な食料生産の手段や技術が、異なる環境のBという地域においても最適とは限らないからである。

2　北海道・北東北の地域文化圏

　北海道南部と本州北部の間には「しょっぱい川」と呼ばれる津軽海峡があり、対馬暖流の分流である津軽暖流が毎時1～3ノット（1ノットは1.852Km/h）の速度で日本海から太平洋に流れている。海峡の最短幅は下北半島大間崎と亀田半島汐首岬を結ぶ18.7kmで、天気の良い日は海を隔てて双方を望むことができる（図6）。

　この津軽海峡には「ブラキストン線」と呼ばれる生物生息域の境界があり、北海道のヒグマと本州のツキノワグマ、あるいは北海道にはイノシシやサルがいない等の違いがある。しかし、この海峡を挟んだ両地域には、縄文時代を通して共通の地域文化圏が形成されていた。

　ここでいう「北海道・北東北の地域文化圏」とは、先に

ツンドラ
森林ツンドラまたは亜寒帯林
亜寒帯針葉樹林
冷温帯落葉広葉樹林

最終氷期末期（約20,000年前）

亜寒帯針葉樹林
冷温帯落葉広葉樹林
暖温帯落葉広葉樹林
照葉樹林

縄文時代早期（約9,000年前）

図4　最終氷期最寒冷期と温暖期の植生と古地理

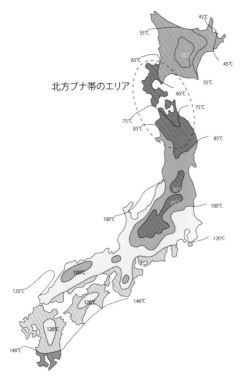

図5　日本列島の温量指数と北方ブナ帯（吉良竜夫の図を編集）

図6　汐首岬（北海道）から下北半島（青森県）を望む

示した渡辺誠の小文化圏Ⅱ（図1上）、小林達雄の文化領域Ⅱa〜Ⅱb（図1下）にほぼ相当する。なお、こうした地域文化圏は有機的な人間の活動や他地域の影響など様々な要因により流動的に拡大・縮小するものの、核となる地域が大きく変化するものではない。

　文化を構成する要素は、集落や住居の構造あるいは生産道具など有形の物証から、墓制や祭祀など無形の概念まで多岐にわたるが、それを顕著に表しているのが土器様式の分布であることは前述したとおりである。これは、縄文土器が単なる器としての用途に留まらず、その集団のアイデンティティの表徴となっていることに他ならない。

土器型式圏の広がり

　津軽海峡を挟んだ両地域に展開した土器型式は、草創期を除き、早期から晩期まで強い共通性が認められる（図7）。また、これらの土器型式は一時期を除いて東北北部から北海道南部に北上して広がるのが常である。

　代表的な土器型式の広がりについて瞥見すると、最初に共通性を見せるのは早期前半の押型紋系土器に属する日計式であろう。これは刻みの付いた棒状施紋具よって、主に重層山形紋や重層菱形紋が施された土器で、東北北部の太平洋沿岸地域を中心に南は関東平野を流れる利根川まで、北は渡島半島南部に張り出す亀田半島の太平洋沿岸に分布が見られる。貝殻紋系の物見台式になると、北海道では渡島半島の北部までその分布が広がる。

　地域文化圏が最も顕著になるのが縄文時代前期後半から中期にかけて形成された円筒土器文化である。円筒土器とは文字通り筒形の形状を呈した土器で、縄文時代前期後半の下層式と中期の上層式に区分されている。下層式は長大な筒型を呈し口縁部に帯状の紋様帯を有し、上層式は口縁が開いて花弁状の突起が付く土器である。下層式の分布域は能登半島まで南に大きく広がり、上層式は日本最北端の礼文島や道東の釧路川河口など北に分布の広がりが見られるが、これらは一時的な居住として捉えた方が良く、地域文化圏の広がりとしては渡島半島北部から東北北部とするのが適切だろう。

　後期になると薄造りで沈線による入組紋が発達する十腰内式が東北全域に、同様の特徴を持つ入江式が北海道の渡

島半島から内浦湾沿岸を中心に広がりを見せる。晩期には
器面を丹念に磨き三叉状や唐草状の入組紋などが施される
亀ヶ岡式土器が盛行する。土器型式としては大洞式として
細分されるが、南は遠く近畿地方まで類似の土器が見られ
る。一方、北海道では前半期に相当する大洞B・BC式は
渡島半島南西部に限定されるが、その後、石狩低地帯まで
北上し、後半には道東まで分布が広がる。

　在地土器の影響を受けて派生した類似の土器の広がり、
あるいは物流の一環としての分布等の要因により土器の広
がりは広範囲となるが、ここで示した北海道南部の石狩低
地帯から東北北部の奥中山分水嶺までの範囲は一つの核と
なる土器型式圏として認識することができる。

文化的な共通性

　文化的な共通性を示す顕著な事例として、竪穴建物など
居住施設のあり方が挙げられるだろう。居住施設には居住
に対する合理性だけでなく、そこにはその集団に受け継が
れた固有の伝統や思考が内包されているからである。

　縄文時代前期後半から展開する円筒土器文化において、
円形もしくは楕円形を呈する竪穴の壁際にベンチ状段構造
をもつ竪穴建物（図8・9）が出現し、当該地域文化圏に
広がりを見せる。この段構造は竪穴を掘る際に掘り残して
形づくるものと、粘性質のローム土を貼り付けて形づくる
ものがあり、後半になると段構造が五角形を呈するものも
現れる。家屋構造を支える柱は4本か6本が主であるが、
これらの柱穴とは別に浅い凹み状の小土坑が地床炉より壁
寄りに設けられる（五角形段構造の場合は頂部）。この小
土坑は実用的な用途としては考えられず、祭祀的な特殊施
設と位置づけられている。

　こうした居住施設内の祭祀施設のあり方は形を変えて引
き継がれる。中期には楕円形もしくは隅丸長方形を呈する
竪穴建物となるが、出入口に相対する床面に円形もしくは
弧状に土を盛り、その内側に柱穴状の小土坑を伴う特殊施
設が出現する。小土坑の坑底は柱穴のそれに比して柔らか
いため、家屋構造を支えるものではなく木柱か石柱が立っ
ていたと推測され、かつ、土壘で生活空間と区別している
ことから、この施設も祭祀的な要素を持つと考えられる。

　竪穴建物内における居住（日常空間）と祭祀（非日常空

北海道南西部の土器
1. 早期：中野A式（函館市 中野A遺跡）
2. 前期：円筒土器下層式（函館市 ハマナス野遺跡）
3. 中期：円筒土器上層式（函館市 臼尻B遺跡）
4. 後期：入江式（洞爺湖町 入江貝塚）
5. 晩期：日ノ浜式（函館市 日ノ浜遺跡）

凡例
■ 早期（物見台式・中野A式）
■ 前期（円筒土器下層式）
■ 中期（円筒土器上層式）
■ 後期（十腰内Ⅰ式・入江式）
■ 晩期（亀ヶ岡式）

東北北部の土器
6. 早期：物見台式（八戸市 田面木平1遺跡）
7. 前期：円筒土器下層式（青森市 三内丸山遺跡）
8. 中期：円筒土器上層式（青森市 三内丸山遺跡）
9. 後期：十腰内Ⅰ式（北秋田市 伊勢堂岱遺跡）
10. 晩期：亀ヶ岡式（南部町 青鹿長根遺跡）

図7　北海道・北東北の地域文化圏と各時期の土器

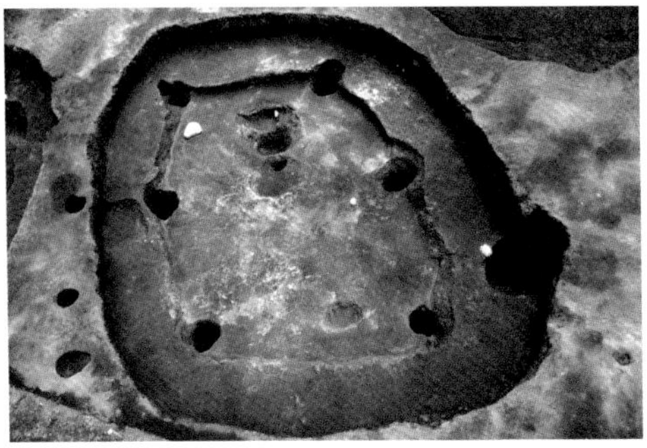

図8　北海道における前期後半の竪穴建物跡
（ハマナス野遺跡）

図9　北東北における前期後半の竪穴建物跡
（三内丸山遺跡）

参考文献

鎌木義昌 1965「縄文文化の概観」『日本の考古
　　学Ⅱ』川出書房新社

紀藤紀夫 2015「東北・北海道における最終氷
　　期遺構のブナ林の拡大」『森林立地』572号

吉良竜夫 1971『生態学からみた自然』河出書
　　房新社

小林達雄 1983「縄文時代領域論」『坂本太郎博
　　士頌寿記念日本史学論集』上巻 國學院大學
　　文学部史学科編吉川弘文館

佐藤宏之 2008『縄文化の構造変動』六一書房

吉田明弘・鈴木智也ほか 2019「北海道南部万
　　畳敷湿原の花粉分析からみた完新世の植生変
　　化」『植生史研究』第28巻第1号

渡辺　誠 1983『縄文時代の知識—考古学シ
　　リーズ4』東京美術

間）のあり方の一事例に過ぎないが、津軽海峡を挟んだ両地域で類似性が認められるということは、生活様式だけでなく、精神世界においても共通していたことを象徴していると考えて良いだろう。

環境的な共通性

前述した温量指数によると、当該地域文化圏に相当する石狩低地帯以南から雫石盆地以北は65℃〜85℃に該当し（図5）、落葉広葉樹林のなかで「冷温帯落葉広葉樹林」の分布域にあたる。この分布域は「北方ブナ帯」とも呼ばれ、ブナ林が山地だけでなく、集落が営まれる平地まで進出するという特徴がある。ブナの実はドングリとは異なり、手間のかかるアク抜き作業をしなくとも食することができるため、集落周辺でも採集できることは大きな利点となる。ちなみに、ブナは最終氷期末期において東北北部にもレフュージア（避難地）があった可能性が高く、温暖化の開始とともに逸早く北上したものと想定されている（紀藤 2015）。一方、北海道では道南西部の函館市万畳敷のボーリング調査によって、8,000cal BP 頃からブナ花粉が散発的に見られるが、渡島半島の各地にブナが定着開始するのは6,000〜5,500cal BP で、それ以降にコナラ亜属を主とする冷温帯落葉広葉樹林が形成される状況が検証されている（吉田 2019）。なお、この時期は円筒土器下層式が渡島半島に北上するタイミングとほぼ合致する。

海洋の環境を見ると、当該地域の日本海側では北上する対馬暖流と南下するリマン海流（寒流）、太平洋側では黒潮（暖流）と親潮（寒流）が交差（図3）するという特徴がある。南下する寒流の親潮やリマン海流は、低水温に適したマコンブやガゴメコブ等の海藻類を生育させるだけでなく、サケやマス等の寒流魚の回遊ルートにもなっている。また、北上する暖流の対馬海流や黒潮は、ホンダワラ類が流れ藻となって海洋生物を育てる「揺り籠」の役割を果たすとともに、マグロやブリ等の暖流魚を北に運ぶルートでもある。これも当該地域の生物多様性に富んだ海洋資源が形成された背景の一つとなっている。

こうした北方と南方の生態系が混在している状況がこの地域における環境の特徴であり、縄文時代を通して共通の地域文化圏を育んだ要因といえる。　　　　　　（阿部千春）

4. 北東アジアからみた縄文遺跡群

1　北東アジアの気候と植生

　北東アジアとは、ユーラシア大陸の北東部、現在の中国、ロシアのシベリア及び極東地域、モンゴル、朝鮮半島、日本列島をさす。縄文遺跡群が存続した時期は、日本の歴史では縄文時代であるが、ロシア極東や中国の時代区分で言えば、旧石器時代から新石器時代、青銅器時代、さらには鉄器時代のはじめに相当する。

　紀元前13,000年頃に氷期が終わり、地球が温暖な間氷期に入っていくと、人類を取り巻く自然環境は大きく変化した（図1）。大陸のアムール河（黒龍江）上流域では亜寒帯性の針葉樹、下流域では針葉樹を主体に落葉広葉樹からなる混交林、南の沿海地方から朝鮮半島にかけては温帯性の落葉広葉樹を主体に針葉樹からなる混交林が広がった。また、内陸の中国東北部から華北では温帯性の落葉広葉樹、華中から華南では暖温帯性の常緑広葉樹が発達した。

　こうした自然環境の変化に適応するため、北東アジアではそれぞれの土地環境に見合った新しい生活様式が成立した。長江中・下流域では稲作農耕、黄河中・下流域ではアワ・キビの雑穀農耕、中国東北部からロシア極東、そして日本列島では狩猟・採集・漁労を生業とした定住生活が営まれた。やがて、雑穀農耕は中国東北部、朝鮮半島、そして沿海地方南部にも伝わった。

2　北東アジアの狩猟・採集文化

　北東アジアの狩猟・採集文化は、クルミなどの堅果類をもたらす森林資源、川や海の水産資源を背景に発展した。この地域の人々は、煮沸の道具として平底の深鉢形土器を使用し、半地下式の竪穴建物に住むという共通性がみられる（大貫 2010）。中国東北部・ロシア極東の考古学研究では、主に土器の共通性を基準として、さまざまな地域文化

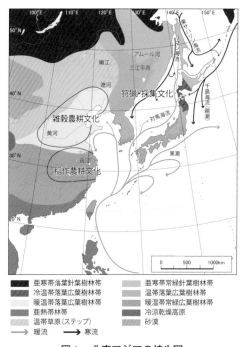

図1　北東アジアの植生図

表1　北東アジアの考古学文化

BCE	長江中・下流域	黄河中・下流域	西部 内蒙古～遼西	西部 遼東半島	西部 第二松花江	北部 嫩江(のんこう)	東部 沿海地方南部	東部 沿海地方北部	北東部 三江平原(さんこう)	北東部 アムール河下流
13000										
12000										
11000				★		★			★	★
10000										オシポフカ文化
9000		★								
8000										?
7000	彭頭山文化	裴李崗・磁山文化	小河西文化							ヤミフタ文化
6000	跨湖橋文化		興隆窪文化				原ボイスマン文化			
5000	河姆渡文化	仰韶文化	趙宝溝文化 / 新楽下層文化	小珠山下層文化	左家山一期文化		ボイスマン文化	ルドナヤ文化	新開流文化	コンドン文化
4000	馬家浜文化	大汶口文化	紅山文化	小珠山中層文化	左家山二期文化 / 左家山三期文化	長坨子類型				マリシェボ文化
3000	良渚文化	龍山文化	小河沿文化 / 偏堡文化	小珠山上層文化	?	靶山類型 / 昴昴渓文化	ザイサノフカ文化			ボズネセノフカ文化
2000			夏家店下層文化 / 高台山文化	馬城子文化		小拉哈文化				
1000		二里頭文化 / 二里岡・殷墟文化 / 西周	夏家店上層文化 / 新楽上層文化			白金宝二期文化 / 白金宝文化	シニーガイ文化 / ヤンコフスキー文化	マルガリドフカ文化 / リドフカ文化	橋南文化	ウリル文化
0		春秋・戦国 / 秦・漢 / 魏晋南北朝	燕文化 / 鮮卑 / 二道河子類型	西団山文化	大海猛類型 / 泡子沿類型	漢書二期文化	団結(クロウノフカ)文化 / ポリツェ文化		滾兎嶺・鳳林文化	ポリツェ文化

★ 土器の出現
（斜線）狩猟・採集・漁労
（灰色）農耕を伴う先史文化（金属器なし）

（考古学文化）が設定されている（表1）。それぞれの文化には、さらに細かな変遷や地域差もある。その内容や年代が十分に明らかになっていないところもあるが、土器だけでなく、石器や骨角器などの種類や構成、住居や集落の構造、葬送や祭祀場、生業のあり方なども異なることが判明している。生業のあり方からみると、内蒙古から遼西、遼東などの西部では狩猟・採集・漁労に加えて雑穀農耕がみられ、アムール河中流域から嫩江（のんこう）流域、沿海地方、三江平原（松花江・烏蘇里江（ウスリー河）・黒龍江に挟まれた平原）、アムール河下流域にかけての北東部では狩猟・採集・漁労が継続するという特徴がある。

3　北東アジアにおける土器の出現

　北海道・北東北では、紀元前13,000年頃に「遊動」から「定住」へと移行する（ステージⅠa）。定住の開始を示す指標の一つとして、土器が挙げられる。土器は、脆弱で重

量があるため、頻繁な移動生活には適さない。大平山元遺跡では、紀元前13,000年頃に年代付けられる土器が確認されている。

　北東アジアは、世界的にみても古い土器が出土する地域として知られている。最近では、日本列島だけでなく、アムール河流域、東シベリア、中国でも紀元前10,000年をさかのぼる土器が確認されている（小林 2019）。その結果、紀元前13,000〜10,000年頃に北東アジアの各地で土器が出現したことが明らかになってきた（図2）その背景にはさまざまな見解がある。草原環境から森林環境へと気候・植生が変化するなかで、堅果類などの食料資源利用の多角化が進んだことが一つの要因と考えられる（加藤 2020）。

　ロシア極東で最も古い土器をともなう文化として、アムール河下流域のオシポフカ文化がある。ガーシャ遺跡やフーミ遺跡などで、放射性炭素年代で紀元前11,000年から紀元前9,000年頃の平底土器が確認されている。この文化の遺跡は、河川沿いの微高地や段丘上に立地する。生業と関わる道具として、細石刃、両面加工した石槍（尖頭器）、掻器、削器、彫器、磨製石斧、漁労具と推定される漁網用の石錘などがある。集落構造は判然としないが、竪穴建物の可能性のある竪穴状の窪み、炉跡と推定される焼土遺構が確認され、定着的な生活の兆しがみられる。

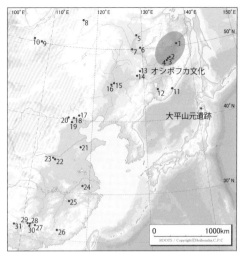

図2　北東アジアの土器出現期の遺跡

1フーミ　2ガーシャ　3オシポフカ　4ゴンチャルカ1、オシノヴァヤレーチカ10　5グロマトゥーハ　6ウスチ・ウリマー　7ノヴォペトロフカ　8ウスチ・カレンガ　9ストゥジェーノエ　10ウスチ・キャフタ　11ウスチノフカ　12チェルニゴフカ、イリスタヤ3　13樺陽　14桃山　15後套木嘎　16双城　17轉年　18東胡林　19南荘頭　20于家溝　21扁扁洞　22李家溝　23霊井　24神仙洞　25仙人洞・吊桶環　26英徳青塘　27玉蟾岩　28甑皮岩　29大岩　30廟岩　31鯉魚嘴

4　集落の成立（紀元前7,000年頃〜紀元前5,000年頃）

　集落の様子が明確になるのは、気候の温暖化がピークを迎える紀元前7,000年頃からである。北海道・北東北では、垣ノ島遺跡に示されるように、居住域と墓域からなる集落が形成された（ステージⅠb）。

　アムール河下流域では、河川流域の自然堤防や段丘上に集落が立地する。現在も竪穴建物跡が埋まり切らず、数棟から数十棟の楕円形状の窪みが確認できるが、一時期の棟数は判然としない。生業を示す道具は、細石刃、石鏃、石刃鏃、石錘、磨製石斧などがあり、狩猟・採集・漁労が中心であったことを示す。集落内の墓域は不明瞭であるが、ウスリー河流域の小南山遺跡（黒龍江省双鴨山市）などでは、集落とは別な場所に土坑墓からなる墓地が形成されたことが判明している。

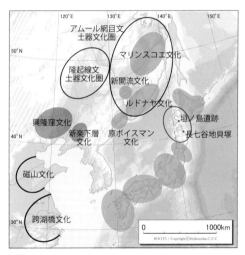

図3　北東アジアの地域文化（紀元前6,000〜5,000年頃）

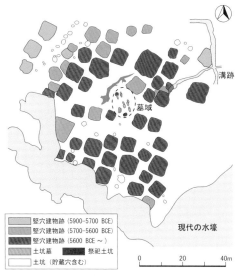

図4　査海遺跡の集落構造

（遼寧省文物考古研究所2012『査海』文物出版社をもとに筆者作成）

凡例:
- 竪穴建物跡（5900-5700 BCE）
- 竪穴建物跡（5700-5600 BCE）
- 竪穴建物跡（5600 BCE～）
- 土坑墓／祭祀土坑
- 土坑（貯蔵穴含む）

溝跡
墓域
現代の水壕
0　20　40m

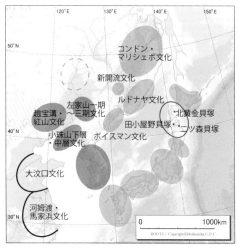

図5　北東アジアの地域文化（紀元前5,000～3,000年頃）

図6　ボイスマン遺跡群遠景（筆者撮影）

遼西の興隆窪文化（紀元前6,200～5,000年頃）では、集落の周囲に溝がめぐる環濠集落と、それをもたない集落がある。興隆窪遺跡（内蒙古自治区赤峰市）は、径166～183mの楕円形状に溝がめぐる大規模な環濠集落である。集落には方形の竪穴建物跡が列状に配置されている。集落中央には大型の竪穴建物跡があり、集落の中心的な人物の住居、集会所、祭祀・儀礼施設と考えられている。また、査海遺跡（遼寧省阜新市）では集落中央に土坑墓からなる墓域がみられ、居住域と墓域の区分がはっきりする（図4）。このほか、この地域独特の墓制として、竪穴建物の床面に墓を設ける屋内墓がある。墓には土器・玉器をはじめ、遺体の傍らにイノシシを副葬する例もある。生業と関わる道具は、削器や磨製石斧のほか、土掘具の石鏟・石鋤、植物を磨りつぶす磨盤・磨棒・磨石、植物を切る石刀などがある。石鏃や石錘、釣り針など狩猟・漁労具もわずかにある。シカ、イノシシ、マンシュウグルミ、マメ類、アワなどが出土し、狩猟・採集・漁労・雑穀農耕を組み合わせた生業が行われていたことを示す。

5　定住の発展（紀元前5,000年頃～紀元前3,000年頃）

紀元前5,000年頃から、完新世で最も温暖な気候となる。北海道・北東北では、湖沼や外湾に面した丘陵上に貝塚をともなう集落が形成された（ステージⅡa）。同じ頃、日本海対岸の沿海地方から朝鮮半島沿岸部でも、温暖・湿潤な気候を背景に貝塚をともなう集落が形成された（図5）。

沿海地方南部のボイスマン文化（紀元前5,000～3,500年頃）は、海洋適応を示す文化である。集落は、海浜に面した丘陵上に立地し、数棟の竪穴建物や貝塚で構成される（図6）。墓域は不明瞭だが、ボイスマン2遺跡で貝塚内から多くの埋葬人骨がみつかっている。貝塚からは、カキを主体とし、マグロなどの大型魚類、アシカ、トド、ゴマフアザラシなどの海獣、イヌ、イノシシ、シカなどの動物の骨が出土している（甲元 2008）。このほか、石槍、石鏃、石錘、石斧、骨角製の銛・ヤス・釣り針などが出土し、陸上動物の狩猟に加え、海洋での狩猟・漁労が活発であったことを示す。また、内陸のハンカ湖北岸の新開流文化でも、石鏃などの狩猟具、銛や刺突具などの骨角製の漁労具

が発達した。サケ、コイ、ナマズなどの魚骨も多量に出土
し、狩猟・内水面漁労を中心とした生業の様子が示される。

　一方、アムール河下流域のコンドン文化（紀元前5,500
〜4,000年頃）やマリシェボ文化（紀元前4,000〜3,000年
頃）では、狩猟・漁労に適した河川沿いに集落が形成され
る。マリシェボ文化期になると、集落が大規模化する。さ
らに、土偶や動物形土製品（クマなど）などの祭祀的な遺
物もみられるようになる。安定的な定住生活のなかで精神
文化が発達したことを物語る。

　遼西では、紅山（こうざん）文化（紀元前4,700〜3,000年頃）が展開
する。集落は環濠集落と非環濠集落がある。石鏃、石鋤、
磨盤、磨棒、石刀、細石刃などがみられ、農耕に関わる石
器が増加する。また、複数の集団が共同で祭祀を行うため
の祭祀場も発達する。牛河梁（ぎゅうがりょう）遺跡群では大規模な祭祀施
設（祭壇、女神廟）と大型の積石塚などが確認されてい
る。積石塚には石棺墓が構築され、墓には精巧な玉器の耳
飾りや腕輪などが副葬されるなど、社会がより複雑化して
階層化が進んだことを示す。

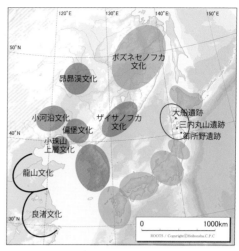

図7　北東アジアの地域文化（紀元前3,000〜
　　2,000年頃）

6　定住の安定と祭祀の発達（紀元前3,000年頃〜紀元前2,000年頃）

　北海道・北東北では、三内丸山遺跡に代表される拠点集
落が登場し、盛土などの祭祀場が顕著になる（ステージⅡ
b）。北東部のボズネセノフカ文化（紀元前2,700〜1,500年
頃）では、河川流域の段丘上に集落が形成される（図
7）。日当たりのよい南向きの緩斜面に複数棟の竪穴建物
が配置され、最大径10mを超える大型の竪穴建物もみら
れるようになる。狩猟・採集・漁労に関わる道具のほか、
人面が描かれた赤彩土器や土偶、動物形土製品などの祭祀
的な遺物も顕著になる。集落内の墓域や祭祀場は判然とし
ないが、サカチ・アリャン岩刻画などの岩画遺跡もあり、
定住の発展とともに精神文化も発達したと推定される。

　沿海地方南部では、ボイスマン文化に続いてザイサノフ
カ文化（紀元前3,000〜1,400年頃）が展開した。この文化
の集落は、河川や海浜に面した丘陵上に立地し、南側斜面
に竪穴建物が配置される。最大径が10mを超える大型の
竪穴建物をともなう集落もある。生業と関わる道具は、石
鏃、石斧、石錘のほか、石鋤、石鏈、磨盤、磨棒、磨石な

ど農耕との関連を示す石器も増える。動物遺存体はシカを主体とし、イノシシ、クマ、イヌ、ブタなどの動物骨がみられる。植物遺存体はクルミやハシバミ、ドングリなどの堅果類を主体に、アワ・キビの雑穀もわずかに認められる（甲元 2008、宮本 2017）。雑穀農耕が開始されるものの、狩猟・漁労・採集が生業の中心であったことを示す。

7　雑穀農耕・家畜飼養の定着・普及（紀元前2,000年頃～紀元前400年頃）

　紀元前2,000年以降、北海道・北東北では、環状列石などの共同祭祀場が発達する。中国東北部及びロシア極東南部は、金属器をともなう時代へと移行し、シカやイノシシなどの狩猟、アワ・キビなどの雑穀農耕、川や海での漁労、ブタ・ウシ・ヒツジなどの家畜飼養を生業とした生活が定着した。一方、日本列島では、紀元前850～700年頃に朝鮮半島から北部九州に水稲農耕が伝わり、紀元前5世紀頃までに西日本に拡散し（宮本 2017）、さらに北東北まで波及した。

8　北東アジアのなかの縄文遺跡群

　北東アジアでは、紀元前13,000年以降に生じた環境変動へ適応するかたちで、多様な地域文化が育まれた。内蒙古・遼西では狩猟・採集・漁労に加えて雑穀農耕が開始され、集落や祭祀場が発展・成熟した。ロシア極東南部では、気候の温暖化を背景に狩猟・採集・漁労による定住生活が成立・発展し、それとともに精神文化も発達した。

　縄文遺跡群は、森林資源と水産資源を持続的に管理・利用しながら1万年以上にわたって採集・漁労・狩猟による定住生活を営み、そのなかで盛土や環状列石、周堤墓のような精緻で複雑な精神文化が発達した。狩猟・採集文化とひと口に言っても、その内容や変遷過程は多様であり、それぞれの地域文化に固有の価値がある。縄文遺跡群は、北東アジアのなかでも最も長く採集・漁労・狩猟による定住が続いた地域文化であり、農耕以前の人類の生活や精神文化のあり方を顕著に示す具体例の一つとして位置付けられる。

（中澤寛将）

参考文献

大貫静夫 2010「縄文文化と東北アジア」『縄文時代の考古学　縄文文化の輪郭』同成社、pp.141-153。

加藤真二 2020「中国北部における土器の出現について」『世界と日本の考古学─オリーブの林と赤い大地─』六一書房、pp.203-218。

甲元眞之 2008『東北アジアの初期農耕文化と社会』同成社。

小林謙一（編）2019『土器のはじまり』同成社。

福田正宏・シェフコムードI.Y.・内田和典・熊木俊朗（編）2011『東北アジアにおける定着的食料採集社会の形成および変容過程の研究』東京大学大学院人文社会系研究科付属北海文化研究常呂実習施設。

宮本一夫 2017『東北アジアの初期農耕と弥生の起源』同成社。

5. 環境と生業

1　縄文時代の環境変動

　採集・狩猟・漁労など食料を確保するための生業活動は集落の立地環境を含む自然環境と密接な関係があり、その変遷は縄文の人々の適応戦略の歩みそのものでもある。

　縄文時代以前は寒冷な気候であり、森林植生は亜寒帯気候のもとゴヨウマツやモミなどの針葉樹や草原が広がる程度で、食料となる森林資源は乏しかったと考えられている。

　紀元前13,000年頃、地球規模の温暖化が進行するとともに海水面が最大で140mほど上昇し、北海道はサハリンから離れて島となった。対馬海峡が大きく開き、暖流が日本海を北上し、一部は津軽海峡を通って太平洋に流れ出るようになった。太平洋側は暖流の黒潮が北上し、北東北沖で寒流の親潮と交差するようになった。

　このことによって、冬は大陸からの冷たい季節風が対馬暖流より上がる水蒸気とぶつかって大雪を降らせ、夏は黒潮の影響で多雨になるなど、日本列島は寒冷・乾燥した気候から温暖・湿潤な気候に変化したとされる。

　紀元前7,000年頃には温暖化のピークを迎え、海水面が上昇し汀線が内陸に入り込む縄文海進が進んだ。安定した気候が長期間続くなか、紀元前2,300年頃に一時的な冷涼化が起きるが、すぐに回復して現在とほぼ同じ気候となり、紀元前1,000年頃に再び冷涼化するなど、何度も気候変動があったことも知られている。

2　北海道・北東北の自然環境

　この地域は縄文時代全般を通じて文化的なまとまりを持つ、地域文化圏を形成してきた。その背景として自然環境が大きな要因の一つと考えられる。北海道・北東北はブナ林が育む森林資源が人々の活動領域である平野部や海岸線

図1　現代のブナ林

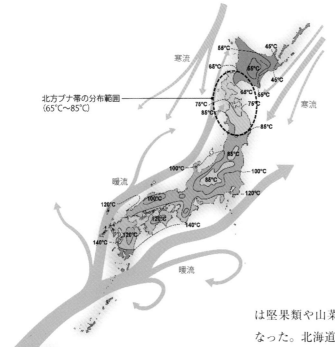

図2　海流とブナ林の分布図
図中の温度は植物地理学に基づく
「暖かさ指数」（吉良竜夫 1971）

まで広がり、春や秋の食料確保に大き
く寄与するとともに、夏や冬など森林
資源が減少する季節には海洋や河川等
の水産資源が利用され、加えてサケ・
マスなど魚が回遊し川を遡上するな
ど、通年で安定した食料が確保できる
環境のもと、人々の生活は長く継続し
た。

（1）植生（森林環境）

　縄文時代の開始とともに温暖・湿潤
な気候に変化するなかで従来の針葉樹
林が減少し、ミズナラやブナなどが茂
る落葉樹林へ遷移した。その結果、森
は堅果類や山菜などを豊富に確保できる天然の食料庫と
なった。北海道島南部から北東北では、北方ブナ帯と呼ば
れる冷温帯広葉樹の森が広がり海岸線間際まで広く分布し
ていた。

　ブナ林はブナの実をはじめ、クリ・クルミ・ミズナラな
どの堅果類のほか、コクワ・ヤマブドウ・ニワトコなどの
ベリー類が共存し、さらにその下にはゼンマイやキノコな
どのシダ類や菌類が生育していた。こうした植物資源を求
めてシカ・イノシシ・ノウサギなどの動物が生息するな
ど、生物多様性に富んだ環境が保たれていた。また、降雨
等によって森林の栄養素が河川を通じて内湾等に流れ込
み、水産資源の増加にも大きく貢献した。

（2）海　流

　海水面の上昇による遠浅な内湾の出現や海流の活発化に
よって、海はアサリやハマグリなどの貝類や、サケやマス
などの回遊魚が捕れる漁場となった。北海道から北東北は
日本海で対馬海流（暖流）とリマン海流（寒流）、太平洋
で黒潮（暖流）と親潮（寒流）が交差するため、マグロ、
ブリなどの暖流魚だけでなく、サケ・マスなども回遊して
くるという特徴がある。

　サケは母川回帰性が強く、秋には大群が母川に帰ってく
る。川を遡上したサケは保存食として利用され、越冬のた
めの食料を毎年確保できる。また春にはサクラマスが川を

遡上してくる。加えて内湾にはクジラやオットセイなども回遊するなど、海洋性食料の確保に優位な環境があった。

（3）地　形

　この地域では、集落は海岸段丘や河岸段丘などの段丘上、内湾や入り江近くの丘陵上に立地することが多い。集落は生活の拠点であり、選地に際し立地環境は生業と密接に関わるとともに、当時の人々の世界観も反映されたものと言える。食料を安定的に確保するため、サケが遡上し、捕獲できる河川の近くや汽水性の貝類を得やすい干潟近く、あるいはブナやクリの群生地など集落の立地環境には多様性が見られ、それぞれの立地に応じて食料を獲得するための技術や道具類も発達した。

　海進期には段丘上の高台が選地され、海退期には資源を得やすい海岸線近くに集落が形成されるなど、環境の変化に適応した様相がわかる。

3　遺跡に見る環境と生業

（1）採　集

　縄文時代の基本的な活動であり、危険性が少なく、当事者の能力に応じて活動することができるものの、その範囲は多岐にわたり、森林資源はもちろん、時には海岸近くの水産資源の一部までその対象となった。また、対象物は加工や貯蔵可能なものが多く、通年での安定した食料確保に大きく貢献した。

　植物利用の実態を示すのが植物遺存体である。遺跡からの出土は、クリ・クルミなどの堅果類が圧倒的に多く、これらが食料の中核をなしていたことは確実である。どちらも栄養価が高く、保存性にも優れている。この地域においてはクリ・クルミともに縄文時代早期から存在していた。

　クリは長さが20mm 以上あるものの、現代のものよりはやや小型であるが、南木睦彦（流通科学大学）はある時期から実が大型化する傾向が見られることから栽培の可能性を指摘している。また、佐藤洋一郎は遺伝子分析から、栽培された可能性が高いことを主張している。

　クリが利用された理由としては、個体としては種実の豊凶があるものの、まとまりとしては収穫量が比較的安定し

図3　出土したクリと種子（三内丸山遺跡）

ていることが確認されている。加えて、成長が早く、病気に強く、実だけではなく木材の利用度も高いなどがあげられよう。

　近年、このクリと人間は密接な関係があることがわかってきている。三内丸山遺跡では人々の居住が開始する前期中頃からクリの花粉化石や遺存体が急増し、周辺植生を含めてクリ林が発達したことを示している。居住以前はブナ林やミズナラ林であったものが人間の関与によってクリ林に変化したものと受け止められている。クリのような有用植物を多く含む人為的な生態系によって形成、維持管理された森を、縄文里山と辻誠一郎（東京大学名誉教授）は呼んでいる。

　なお、北海道には当初クリがなくミズナラが主であったものの、前期以降に本州からの移住者によってクリが持ち込まれ、定着したものと考えられ、クリ出現とともに道南地域では集落数が増加する傾向が見られることから食料事情の安定に貢献したものと推測される。

　トチについては中期以降に出現し、後期以降に増加する。トチの増加は寒冷化によるものとされているが、その関連性については不明な点が多いものの、クリの減少とトチの増加と連動しているらしい。巨視的にはクリからトチへと変化したもの言えるが、最近、晩期にもクリの花粉化石が増加することが確認されていることから、再びクリが盛行した可能性も考えられる。

　これら以外にもイヌガヤ、クワ、キハダ、ヤマブドウ、サルナシ、タラノキ、ミズキ、ニワトコ、キイチゴなどが利用された。

（2）狩　猟

　縄文時代全般を通じ、狩猟用である石鏃や石槍が認められることから狩猟もまた一般的であった。貝塚などの縄文遺跡で出土するほぼ8割がシカとイノシシであるが、この地域においては日本海側と太平洋岸側、そして津軽海峡に生物相の境界であるブラキストン線が設定されていることから出土する動物遺存体にも違いがある。

　たとえば、イノシシは北海道には生息しないとされている。道内においても骨の出土例の報告はあるものの基本的には搬入されたものと理解される。圧倒的に多いのはエゾ

シカである。狩猟方法についても柵の利用による追い込み
猟のほか、落とし穴猟があったと考えられている。函館市
臼尻Ｂ遺跡ではシカと落とし穴が描かれた絵画土器が出
土している。

　本州でもシカの出土例は多いものの、どちらか言えば太
平洋側の方が多くみられる傾向がある。イノシシはさらに
顕著で日本海側の出土例は少ない。三内丸山遺跡ではイノ
シシが少ないが、縄文時代前〜中期にかけてシカとイノシ
シがいなかったわけではなく、太平洋側の遺跡からは体重
が100kgを越すような、大型のイノシシの骨が出土してい
る。この違いを西本豊弘は（国立歴史民俗博物館名誉教
授）は降雪量の違いによるものと考えている。

　この地域の特徴として、アザラシやオットセイなどの海
獣類が多いことが挙げられる。特に内浦湾や陸奥湾などの
遺跡から多くの骨が出土している。回遊性が高く、繁殖や
子育てのために出現するこれらの動物は狩猟の格好の的と
なったらしく、猟期は冬が想定できる。

図4　狩猟用の石鏃や石槍
（三内丸山遺跡。右端の石槍は長さ22.5cm）

（3）漁　労

　遺跡から出土する魚骨はまぎれもなく人の関与によって
持ち込まれたものである。最近の発掘調査では土壌の水洗
選別などが行われ、微細な魚骨の回収も行われるようにな
り、漁労の実態がわかるようになってきている。

　各遺跡から出土した魚骨の分析により、この地域では遺
跡ごとに内容が異なり、多様性に富むことが斎藤慶吏（文
化庁）によって指摘されている。また、遺跡近くで捕獲可
能なものから、沿岸から沖合にかけての表層から深海に至
るまで広域な海域に及び、河川・湖沼域まで含めた多様な
領域において漁労活動が展開された。

図5　出土した動物骨
（三内丸山遺跡、左端のものは長さ24.8cm）

　三内丸山遺跡は陸奥湾の最奥部に位置する集落であり、
マグロ、マダイ、ヒラメ、ブリ、サバ、ニシン、カレイ、
アナゴ、サケ、サヨリ、オニオコゼ、ホッケ、アイナメ、
スズキ、シイラ、マアジ、カツオ、カワハギ、フグ、ボ
ラ、タラ、カジカ、ホシザメなどが確認されている。サケ
は少なく、出土した魚骨全体の１％に満たない。シイラ、
サワラ、カツオなど湾外で獲られたと思われる魚もあり、
縄文人の操業範囲が広範囲にわたっていたことがわかる。
縄文人が魚の生息環境をよく知り、地上と同じくらい海底

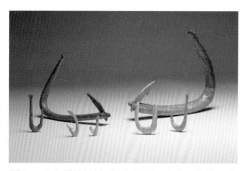

**図6　鹿角製釣り針（入江貝塚。右奥の釣針は現
存長（幅）11.9cm）**

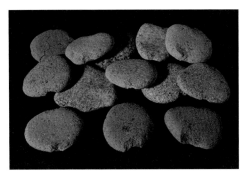

図7 石錘
（垣ノ島遺跡、前列中央の石錘は9.5×7.8cm）

図8 出土した魚骨
（三内丸山遺跡）

参考文献

青森県教育委員会 1997『三内丸山遺跡、Ⅸ』

青森県教育委員会 2017・2018『三内丸山遺跡 44』

吉良竜夫 1971『生態学からみた自然』河出書房新社

の地形を熟知していたことを樋泉岳二（早稲田大学）は指摘した。

　漁労具としては、鹿角製の釣り針、銛先などである。釣り針は針と軸を別々に作り、それを組み合わせて使用する結合式釣り針も出土している。銛先は離頭銛である。離頭銛は獲物に刺さった後、柄からはずれ、糸が結ばれた銛先だけが体内に残るもので、獲物が弱るとたぐり寄せる漁法が想定される。また、網そのものは見つかっていないが、紐を掛けるために石の両端を打ち欠き、抉りのある網用の錘が垣ノ島遺跡の竪穴建物跡からまとまって出土している。

　ヒョウタンやエゴマ、ヒエの炭化種子も出土しており、すでに栽培がおこなわれていたが、農耕には移行しなかったと考えられている。

4 通年定住

　各集落では周辺環境に適応した生業活動が行われており、海底を含めて周辺環境を熟知し、生業活動が行われていた。発掘調査からは、まさしく自然とともに生きた人々の活動の様子が生き生きと伝わってくる。

　樋泉岳二は出土した魚種と陸奥湾での捕獲時期を比較検討した結果、通年で魚が捕獲されていたことを明らかにし、三内丸山ムラでは通年定住の可能性がきわめて高いことを指摘したことは重要であり、生業以外についても考察が進められている。

　加えて、内陸の遺跡からもブリ、サバ、ニシン、ホシザメ、ヒラメなどが出土したことが知られており、干魚や薫製など加工されたものが運ばれた可能性が高く、いくつかのムラを経由して運ばれた、食料供給システム、物資の交換システムさえもすでにあったことが考えられる。

（岡田康博）

6. 貝塚からみた人々の暮らし

「北海道・北東北の縄文遺跡群」には、伊達市北黄金貝塚、洞爺湖町入江貝塚・高砂貝塚、つがる市田小屋野貝塚、七戸町二ツ森貝塚という、名称に「貝塚」を冠する5カ所の資産が含まれている（図1）。貝塚は、それらを残した人々の暮らしぶりを具体的に示す情報の宝庫である。ここでは、筆者が調査研究を担当してきた北黄金貝塚を例に、貝塚からみた人々の暮らしを紹介したい。

1　貝塚に残されたもの

発掘調査担当者の役得ともいえるかもしれないが、北黄金貝塚のように良好な保存状態の貝塚の発掘調査を行っていると、しばしば鮮やかな色の残った貝類やウニの殻、捕獲の際の傷がついた貝殻を目にすることがある（図2）。また、多量に集積された貝殻の成分によってそのままの形で残された動物の骨や角、あるいは骨角器を発掘する機会にも恵まれる（図3）。これらの動物遺存体や骨角器はまさしく当時の人々の獲物と、それを獲得するための道具であり、人々の息遣いをより生々しく感じることができる。

また、貝塚には獲物や道具だけではなくヒトそのものが残されている場合がある。北黄金貝塚のA'地点貝塚からは墓に埋葬された14体の縄文人骨が発見されているが、他の動物骨や骨角器と同じく貝殻の成分によって非常に良好な遺存状態であることから、人類学的研究の基礎資料となっている（図4）。人骨からは、その人の性別や年齢、妊娠・出産歴、病気や怪我の有無だけでなく、骨に含まれるコラーゲンを抽出して窒素と炭素の安定同位体比を分析することで、その人が生前に何を多く食べていたのかを知ることができる。

このように、貝塚からは日々の暮らしを知る上で貴重な情報を有する様々なものが出土するのだが、貝塚に残されているのは有形の物質だけではない。貝塚に残された無形のもの、それは人々の心である。もちろん、当時の人々の

図1　「北海道・北東北の縄文遺跡群」の貝塚遺跡位置図

図2　貝層中のホタテガイ・ウニ

図3　骨角器の出土状況

感情や思いを正確に理解することは難しいが、貝塚からは墓や動物儀礼の痕跡が発見されており、貝塚はただの廃棄物の集積場ではなく、墓地や祭祀・儀礼の場としての機能も有していたと考えられている（例えば、青野 2008）。

ここから、北黄金貝塚に残されたものから人々の環境適応、生業、精神文化などを具体的にみていきたい。

2 気候と集落周辺環境に適応した人々の暮らし

北海道・北東北の縄文遺跡群の構成資産である貝塚遺跡は、いずれも貝塚を伴う集落遺跡であり、貝塚の出土品からは、その時々の気候や周辺環境にあわせて各集落の身近な自然資源を巧みに利用していた人々の営みがみてとれる。このことは、狩猟採集を生業の中心に据えながら定住を実現した縄文文化を語るうえでも重要な点であるといえる。

例えば、噴火湾に面した上坂台地・茶呑場台地という二つの舌状台地の先端部にまたがる集落遺跡である北黄金貝塚（図5）の場合、縄文時代前期後葉（約5,500年前）の貝塚から出土した人骨には虫歯がなく、木の実などのデンプン質をあまり摂取していなかったと考えられている（大島 1996）。さらに、それらの人骨の炭素・窒素安定同位体分析では海産資源に多くを依存していたとの結果が出ており、海の幸に多くを依存した噴火湾沿岸地域の特性が明らかにされている（南川 2001）。

また、同じ噴火湾沿岸であっても、北黄金貝塚では海獣類の中ではオットセイ猟が盛んに行われていたのに対して、直線距離で約20kmの位置にある入江・高砂貝塚ではイルカ猟が積極的に行われていたと考えられており、それぞれの遺跡が立地するローカルな環境の特徴を最大限に利用した生業のあり方がうかがえる。

さらに、縄文時代は1万年以上も長きにわたったため、同じ場所でも時期によって気候や環境が大きく変化し、人々の暮らしにも影響を与えた。そうした環境変化への適応をよく示すのが北黄金貝塚にある5カ所の貝塚である。

北黄金貝塚で最も古いB地点貝塚は縄文時代前期前葉（約6,300年前）に上坂台地上に形成された（図6）。丘陵上に位置する集落の中で最も山寄りの標高23～24mの地

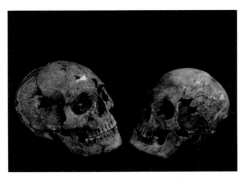

図4　北黄金貝塚出土人骨

図5　北黄金貝塚の周辺環境

点に位置し、貝塚を構成する貝種の主体は暖海性のハマグリである。現在のハマグリの棲息域は東北沿岸が北限とされることから、この貝塚が形成されたのが今よりも気温や海水温が高かったいわゆる縄文海進期であることがわかる。海岸線は丘陵の縁まで迫っていたとみられる。

　次いで前期前葉から中葉（約6,000～5,500年前）にかけて茶呑場台地に形成されたC地点貝塚は厚さ2m以上の貝層をもつ（図7）。貝種組成の主体は下層がハマグリで上層がマガキやウニ類となり、温暖期から寒冷期への移行期すなわち縄文海進が終わり海退に向かう時期に形成されたことを示している。C地点貝塚が形成された地点は、標高自体はB地点とさほど変わらないが、二つの舌状台地間の低湿地に近い位置に移動している。

　C地点貝塚に次いで前期後葉（約5,500年前）に上坂台地の先端部（図8）に形成されたA'地点・A地点・南斜面貝塚の主体をなすのは、現在の北海道の名産品でもあるマガキやウニ類となり、寒冷化が進行して現在と同じような気候になってから形成された貝塚であることがわかる。

　こうしたことから、北黄金貝塚の5カ所の貝塚は温暖期からの冷涼化という環境変化に連動して、貝類などの種類を変化させつつ形成地点も変遷していったことがわかる（図9）。ここで重要なのは、自然環境の変化に伴って資源となる動物相が替わっても、人々は生活や生業の場を移動させなかったという点である。

図6　史跡公園に復元された貝塚（右側の白い場所がB地点貝塚）

3　噴火湾に面した集落の生業

　縄文海進・海退という環境の変化の中で形成された北黄金貝塚では、いずれの貝塚からも海産資源が豊富に出土することから漁労を中心とした生業であったと考えられる。しかし、各貝塚が形成された時期によって動物遺存体の種類や漁労具である石器・骨角器に差異が認められることからすると、生業の内容を少しずつ変化させていたようだ。

　温暖期に形成されたB地点貝塚からは、ハマグリの他、オットセイやアシカなどの海獣類とシカ・クマなどの陸獣類、鳥類が出土している。魚類では暖流系のマダイなどが出土しているが、銛やヤスの数は少なく釣針は出土していない。これに対して、扁平な礫の両端を打ち欠いた石錘が

図7　C地点貝塚の断面

図8　丘陵先端のA'地点貝塚（復元）

図9　海岸線の位置の変遷

**図10　北黄金貝塚から出土した動物遺存体（左側
　　　がA'地点貝塚のオットセイ）**

多く出土していることから、銛・ヤス・釣針を用いた漁よ
りも網漁が主流で、これに浅海域の砂泥底でのハマグリを
中心とする貝類採取が伴ったと考えられる。

　温暖期から寒冷期への移行期に形成されたC地点貝塚
では、破砕したウニの殻や棘だけで形成された厚さ10cm
以上の層が存在していることから、ウニの可食部が発達す
る季節に集中的に相当量を採っていたとみられる。漁労具
をみると、ヤスが多くて銛頭の出土は稀である。また、鹿
骨製のヘラ状製品が多く出土することから、海岸近くでの
ヤス漁とヘラによるマガキ採取が多く行われたと考えられ
る。一方で、漁労中心の生業であったと考えられる北黄金
貝塚での暮らしにあって、本貝塚から出土する哺乳類をみ
ると海獣類は少なくシカが圧倒的に多い。これは海獣猟用
の銛頭の出土が少ないこととも合致する。この貝塚が形成
された時期には、海岸線が徐々に後退し海岸や海洋の環境
も大きく変化したと考えられる。そうした中で海産資源だ
けでなく、シカの落とし穴猟など陸産資源の積極的な利用
が行われるようになったのだろう。

　そして寒冷化が進行してから形成されたA'地点貝塚は、
貝類はマガキとイガイ類が主体で、魚類はヒラメ、カレイ
類、マグロなど多様である。この貝塚で最も特徴的なのは
オットセイが非常に多いことである（図10）。オットセイ
猟が活発に行われていたことを示すように、銛頭が大量に
出土している。出土したオットセイの多くがメスと幼獣で
あったことから、寒冷化に伴い越冬海域が南下したことに
よって噴火湾にやってきた個体を対象とした猟が行われて
いたと考えられる。

　このように自然環境などの変化に応じて対象とする獲物
や道具・方法を柔軟に変えて適応したのは、北黄金貝塚の
人々だけではない。それが、縄文文化において長期間にわ
たる狩猟・漁撈・採集を生業の基盤とする定住生活が営ま
れた理由の一つといえるだろう。

4　貝塚をつくる―暮らしの中の祈り―

　ここまで貝塚からみえる縄文人の環境に適応した生業、
暮らしについて紹介してきた。そうした日々の暮らしの中
で生じた食料残滓が集積されたという点においては、確か

に貝塚はゴミ捨て場でもあった。しかし、冒頭で述べたとおり、貝塚の有する機能や性格はそれだけではない。貝塚は墓地や儀礼場的な性格も持つ祈りの場でもあった。

　北黄金貝塚でみられる墓地的・儀礼場的な要素にC地点貝塚で確認されたシカの頭骨を用いた動物儀礼の痕跡がある。これは、角がついた状態のシカ頭骨数頭分を積み重ねて周囲を円礫で囲みベンガラを散布するというものや（図11）、大型の土器の破片で頭骨を挟みこんだものなどである。これらは、貝塚の形成を始める時または再開する時に行われた儀礼である可能性が指摘されている（青野・永谷 2013）。

　貝塚での祈りは、貝塚の形成が進んでからも行われたようだ。例えば、北黄金貝塚のA地点貝塚で1953年に行われた発掘調査の報告では「（赤褐色の）火山灰層の下部の貝類は暗紫色に変色しているものが多い。…（この状態は若生貝塚に類似する。）」（名取・峰山 1954）とされている。ここに登場する若生貝塚の状態とは、北黄金貝塚から約14kmの場所にある縄文前期の伊達市若生貝塚で確認された貝塚の上で火を焚いた痕跡のことである。筆者らが2014〜2016年に若生貝塚の発掘調査を実施した際には、アサリとマガキを主体とする貝層の上部の貝殻が強い熱を受けて漆喰のように真っ白な灰になり、下部になるにつれて徐々にグレー色に変色している状況が確認された（図12）。貝殻の堆積状況や焼け方などからみて、外部で焼かれたものが持ち込まれたのではなく、しかも、貝殻が灰になるほど徹底的に焼けていることから、失火や自然火災によるものではなく人々による意図的な行為であったと考えている（青野・永谷 2013）。若生貝塚の事例や周辺地域の火山灰の堆積状況から考えると、名取・峰山1954でいう北黄金貝塚の赤褐色の火山灰層というのはおそらく火を焚いたことによって生じた焼土を誤認したのだろう。北黄金貝塚の周辺地域では、しばしば貝塚の上で火を焚く行為があったのだ。

　貝塚の上で火を焚く行為に関して興味深い遺物が北黄金貝塚のA'地点貝塚から出土している。鯨骨製の骨刀である（図13）。刀と呼ばれているが刃がついておらず、物を切ったり刺したりすることはできないことから儀礼の道具だと考えられている。この骨刀は、貝塚の中の灰が集中し

図11　C地点貝塚で検出された動物儀礼の痕跡

図12　若生貝塚の被熱貝層

図13 A'地点貝塚出土の鯨骨製骨刀

図14 A'地点貝塚の貝層と墓

た場所から出土し、全体に湾曲して灰白色に変色していることから火の中に投げ込まれるなどして熱を受けたと考えられている。貝塚の上や周辺で火を用いた儀礼が行われていた可能性を示唆するものである。

このように、貝塚は祈りの場であった。ある時にはイベントとして動物儀礼や火を焚く儀礼も行われたが、日々の暮らしの中で、人々が自らの命の糧となった動物の亡骸を特定の場所に集める、すなわち貝塚を作るということ自体が、一種の儀礼的行為だったのだろう。そして、動物の亡骸が集められたその場所には、人自身の亡骸も納められた。貝塚は日々の暮らしを終えたすべての生き物の墓でもあったのだ（図14）。

最後に、こうした貝塚が、縄文時代の人々の暮らしの中で生まれたということを強調しておきたい。

結局、本稿では北黄金貝塚以外の貝塚遺跡に触れることができなかったが、一つの貝塚遺跡からでもこれだけのことがみえるということでご容赦いただければと思う。貝塚一つ一つに、それを残した人々の姿が表示されている。その世界は果てしなく奥深い。まずは北海道・北東北の縄文遺跡群に含まれる5カ所の貝塚遺跡から中を覗いてみてはいかがだろうか（図15）。 （永谷幸人）

図15 史跡北黄金貝塚公園での見学風景

参考文献

青野友哉 2008「北海道における貝塚文化の消長—縄文時代〜近代の生業と祭祀—」『地域と文化の考古学Ⅱ』明治大学文学部考古学研究室編

青野友哉・永谷幸人編 2013『KITAKOGANE』伊達市噴火湾文化研究所

大島直行 1996「北海道の古人骨における齲歯頻度の時代的推移」『考古学雑誌』104巻5号

名取武光・峰山 巌 1954『伊達町北黄金遺跡発掘報告』

南川雅男 2021「炭素・窒素安定同位体分析により復元した先史日本人の食生態」『国立歴史民俗博物館研究報告』86

7. 集落の生活

1 定住の背景

　紀元前13,000年頃、地球規模で急激な温暖化が進み、海水面の上昇により日本列島は大陸から切り離された。針葉樹から落葉樹へと森林植生が変化し、堅果類や暖流・寒流に伴う回遊魚など、新たな食料資源を利用するために、北東北では列島各地に先駆けて煮沸用の土器が出現した。重量があり壊れやすいため遊動生活に適さない土器の出現は、人類が定住を宣言し、新たな時代の幕開けを告げるものであった。

　土器の出現とともに定住が始まり、居住地が形成され、やがて集落では居住域と墓域との分離が明確になるなどムラの中での機能分化が生じた。穏やかな気候が続く中、祭祀場・捨て場・貯蔵穴といった施設を備え、周辺の小規模集落とは規模や構造が異なる拠点集落も出現した。気候が冷涼となり集落の小規模化・分散化が進むと、集落外に複数の集落が協同して営む墓地及び祭祀場など（祭祀・儀礼に特化した空間や施設）が形成される。さらには複数の集落によって維持・管理される共同墓地が祭祀場と分離して形成され、人々の紐帯として機能した。このように、1万年以上継続した生活の中で、人々は気候変動や社会の在り方に応じて集落の構造を変化させてきた。構成資産に代表される定住及び集落形態の変遷について、大きく3ステージに区分し、さらに各々前半・後半に分類し、計6ステージとして概要を述べる。

2 定住と集落の変遷

（1）定住の成立

　居住地の形成（ステージ Ia）　北東アジアで最古の土器が出土した大平山元遺跡では、竪穴建物などの本格的な居住施設は伴わないものの、石器製作や調理に用いた土器の分

図1　三内丸山遺跡の集落モデル（ジオラマ）

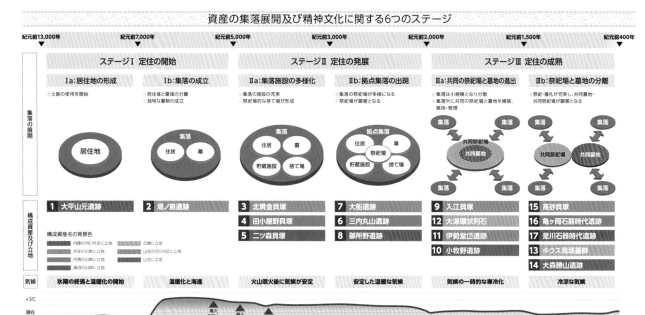

図2　定住と集落変遷の6ステージ（縄文遺跡群世界遺産登録推進本部 2020　以下図3-6・8・10は同じ）

布範囲によって、当地において定住が開始したことを示している が、存続期間は短期間であったものと考えられている。この時期は祭祀・儀礼空間が明確な遺構として確認されておらず、精神文化の在り方が未分化と言える。その後の展開の前段階と位置づけることができる。

　集落内の機能分化（ステージⅠb）　寒暖の小変動を繰り返しながらも温暖化は一層進み、紀元前7,000年頃には北海道南部・北東北ではブナやミズナラなどによって構成される冷温帯落葉広葉樹林（北方ブナ帯）が人々の日常の生活空間である平野部や海岸線まで広がった。世界自然遺産白神山地に見られるようにブナ林は生物多様性に富み、豊富な食料資源があることから、長期間の安定した定住や集落の形成が可能となり、集落数も一気に増加した。また、海水面上昇とともに内湾の形成や潮流が活発化し、近海には様々な生物が生息するようになったこともあり沿岸地域にも数多くの集落が作られた。

　海進の影響を受けにくい高台に立地する垣ノ島遺跡では住居数棟からなる集落が形成され、居住域と墓域の分離が明確となった。墓域の出現は、日常・非日常の空間の区別や土地に対する執着の醸成とともに居住する集団の結びつきを強めることに大きく貢献し、祖先崇拝の形成にもつながったと考えられる。

（2）定住の発展

集落を構成する施設の多様化（ステージⅡa）　その後も温暖化は続き、紀元前4,300年頃に海進はピークを迎える。この地域では紀元前4,200年頃に十和田火山が大噴火したが文化や集落が消滅することはなく、ブナ林が持つ多様な森林資源の利用を背景に、後に一大勢力となる地域文化圏が成立し、クリやウルシなど有用植物の積極的な利用が盛んになった。紀元前3,000年頃まで穏やかな気候が続くなか、定住が最も安定した。各集落は海岸部、湖沼地帯、河川域などで地域ごとにまとまっており、住居域、墓域に加え、定住を安定させるための貯蔵施設、衛生環境を保持するためと祭祀的性格を持つ捨て場が形成され、集落の構成要素が多様となった。

　北黄金貝塚では豊富な貝類・魚骨・海獣骨が出土し、当時の自然環境の変化と人間の環境適応の実態とがわかる。田小屋野貝塚の捨て場からは使用可能な骨角器やベンケイガイの貝輪の未成品が多数出土しており、この時期の祭祀のあり方を示している。二ツ森貝塚では貝塚から破砕された土器等が出土しており祭祀場としての機能を示すほか、貯蔵穴が墓として転用されるなど、祭祀場の多様な在り方がわかる。

拠点集落の登場（ステージⅡb）　紀元前4,300年以降は次第に冷涼化するものの、気候は比較的安定していた。集落の中には存続期間が長く、多様な施設から構成される拠点集落が登場した。集落内の祭祀場はより多様化し、環状に配置された配石や組石遺構、小型の環状列石を伴う墓が登場し、盛土も大規模化する。引き続き葬送儀礼が活発に行われており、加えて長期間かけて形成される盛土も見られることから、同一の場所で世代を超えて祭祀・儀礼が行われていた。また、貝塚からは人骨や獣骨、意図的に破壊した土器や石皿等が出土することがあり、不要なものを単純に廃棄するのではなく、「送る」など祭祀的な活動も行われたと考えられている。

　三内丸山遺跡は多様な施設で構成された拠点集落であるとともに、祭祀に使われた道具類が多数出土していることから、継続して祭祀・儀礼が行われたことがわかる。また、周辺に所在する同時期の小規模集落との対比から拠点集落の在り方もわかる。大船遺跡では大規模な盛土を形成

図3　居住地の形成（ステージⅠa）

図4　集落内における機能分化（ステージⅠb）

図5　集落内の施設の多様化（ステージⅡa）

図6　拠点集落の構造（ステージⅡb）

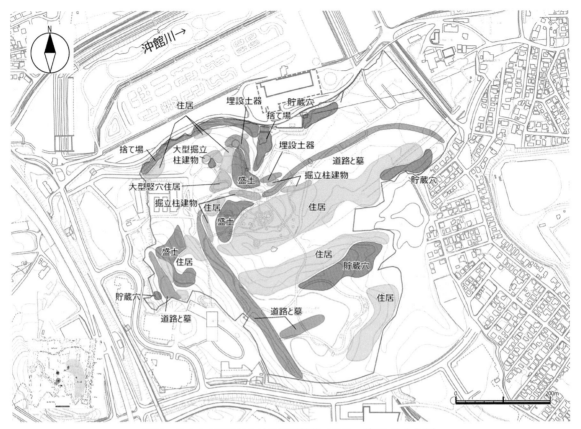

図7　三内丸山遺跡における集落構造（ステージⅡbを中心に）

したのちに盛土をはさむように貯蔵施設及び墓域を配置するなど、祭祀場を軸とした集落形成の在り方を示す。御所野遺跡では墓、盛土、配石遺構、掘立柱建物が分離して配置されるほか、土偶、土製品、石製品などの祭祀的な遺物とともに焼かれた獣骨や堅果類、焼土が出土しており、火を使った祭祀が行われていたと考えられている。

（3）定住の成熟
集落の小規模・分散化と顕著な祭祀場の成立（ステージⅢa）
紀元前2,200年頃の一時的な冷涼化の影響により、集落規模や居住環境が大きく変化した。集落は小規模化するとともに分散し、これまで生活空間としての利用が少なかった丘陵や山地への進出も行われるようになった。分散化した集落間の結びつき（紐帯）を強めるため、共通の祭祀・儀礼活動の拠点となる共同墓地や環状列石といった規模の大きな施設の構築が行われた。これらは地域内の複数の集落によって共有される施設であり、祭祀場を中心に地域的な

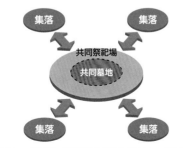

図8　集落と祭祀場の関係（ステージⅢc）

ネットワークを形成する
ようになったことがわか
る。これらの構築や維
持・管理には多大な時間
と労力を要し、複数の集
団が協働して計画的に
行ったと考えられること
から、地域社会が成熟、
充実していたことを示す
ものである。

　入江貝塚は多数の土坑
墓が検出されることか
ら、周辺の複数の小規模
集落によって共同墓地が
営まれていたことを明確
に示している。小牧野遺
跡は複雑な配石構造を持

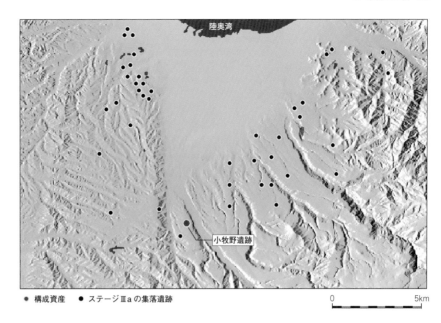

図9　環状列石（小牧野遺跡）周辺の集落遺跡の分布状況

つ単独の環状列石、伊勢堂岱遺跡は多量の祭祀具を伴う四
つの環状列石、大湯環状列石は同心円配置を示す遺構群か
ら成る規則的な構造を有した二つの環状列石であり、併せ
て環状列石の多様な在り方を示すほか、いずれも墓地を伴
う。一方で環状列石に近接して集落はなく、地域の中で環
状列石は少ないことがわかる。

　なお、環状列石の成立については寒冷化に伴う集落の拡
散・分散化と密接な関係があるとする地域社会の変化に要
因を求める説、環状集落の影響とする説、他地域からの影
響や伝播とする説など諸説があるが、結着はついていな
い。

　多くの労力と時間をかけ、世代を超えて構築された環状
列石の社会的意味はきわめて大きいと考えられ、不安定な
自然環境や社会へ対応する縄文の人々の強い意志が反映さ
れていると見るのが自然である。その意味でも互いの結び
つき、連帯あるいは紐帯といった意識の醸成に必要な装置
であったことは間違いない。

祭祀場と共同墓地との分離（ステージⅢb）　紀元前1,000年
頃に再びやや冷涼な気候となった。このため、集落の減少
及び小規模化も続いた。この地域では集落の結びつき（紐
帯）を深めるため共通の祭祀・儀礼の拠点となる施設が引

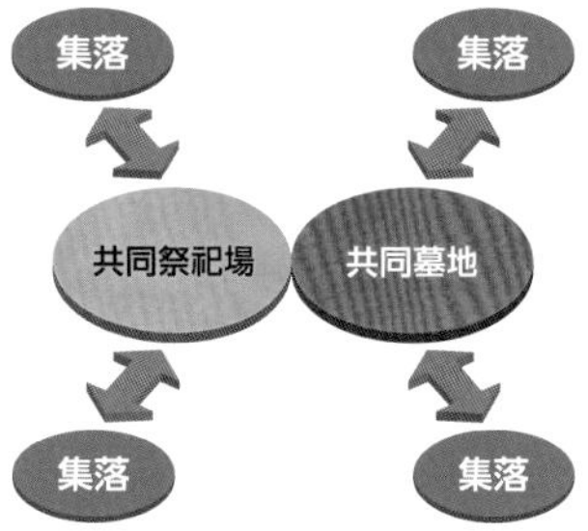

図10　祭祀場と共同墓地の分離（ステージⅢb）

き続き構築される。墓域は集落構成から離れて形成され、葬送に関する儀礼が特化したものと言える。

北海道では、大きな労力を必要とした大規模な土手で囲まれた共同墓地である周堤墓キウス周堤墓群では独特な墓が作られる。また、引き続き環状列石（大森勝山遺跡）が形成されるが、従来とは異なり墓域と伴なわない。高砂貝塚は土坑墓と配石遺構から構成される共同墓地であり、土偶や供献土器を伴う土坑墓から墓前祭祀が行われたことがわかる。亀ヶ岡石器時代遺跡は審美性豊かな土偶や多彩な副葬品が出土する大規模な共同墓地の遺跡である。是川石器時代遺跡は竪穴建物、土坑墓、水場、捨て場などで構成される集落跡である。いずれの構成資産も、特にこの時期の精神文化の在り方を示している

3　農耕を選択しなかった社会

集落は生活の本拠地であり、定住と密接な関係がある。食料を求める生活から、生活の拠点である集落を中心とした食料確保の活動へ対応し、時代や環境に巧みに適応してきた。食料の安定確保のためのクリ林の管理（人為的生態系である縄文里山の形成）など周辺環境への働きもまた積極的になった。しかし、農耕を選択せず狩猟・採集によって生活が支えられたのは豊かな自然環境とそれらを利用する技術や道具類の開発、そしてそれらが継続して行われるような世界観（哲学と言ってもよい）の形成があり、その具現化が集落と考えられよう。　　　　（岡田康博）

参考文献

青森県教育委員会 2017・2018「三内丸山遺跡
　44」

北の縄文研究会 2012『北の縄文「円筒土器文
　化の世界」―三内丸山遺跡からの視点―』

縄文遺跡群世界遺産登録推進本部 2020『北海
　道・北東北の縄文遺跡群』

8. 死と再生

日本列島では、旧石器時代の墓もわずかに見つかっているが、本格的に墓・墓域がつくられるのは縄文時代になってからである。埋葬方法は穴を掘って遺体を埋葬する土葬、埋葬姿勢は屈葬が多いが、時期によって違いがある。それらについて、北東北の事例を中心に、北海道の事例も交えながら見ていくことにする。

1　墓の種類

墓は、本来的には、人骨が出土するか否かによって判断されるべきものであるが、酸性土壌である日本列島では、数千年前の人骨は分解され残存しないことが多い。そのため、墓からの副葬品、埋葬者の装着品、墓域としての墓のまとまりや位置関係、墓穴の埋まり方などを見きわめて判断する必要がある。縄文時代の墓は、楕円形や円形などに掘られた土坑墓が最も一般的であり、北海道・北東北でも同様である。さらに土坑墓の壁面に板状の石を並べた石棺墓、板を並べた木棺墓がある。土坑墓の周囲に石を並べたものを配石墓と呼ぶ。また、土器を転用して小児用甕棺とした埋設土器、骨化した遺体を二次的に埋葬した再葬土器棺墓などもある。

このほか、一般的に貯蔵穴と考えられている「フラスコ状土坑」から人骨が出土することがある。そのため、この土坑の本来的な機能として墓穴とする考え方もあるが、ここでは転用されたものとして考えることとする。また、まれに捨て場から人骨のごく一部が出土することがあるが、墓には含めないこととする。

これらの墓は、時期によってつくられる種類や位置などが変化する。

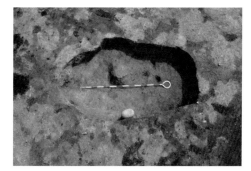

図1　土坑墓（青森市三内丸山遺跡）

2　時期ごとの特徴

（1）草創期

　遺跡が少なく、墓についてもよくわかっていない。わずかに、終わり頃の本州北部の集落でほぼ完全な土器などが出土した円形の土坑の例があり、墓の可能性がある。

（2）早　期

　太平洋側で集落数が徐々に増え、墓の検出例も増加する。中頃までの集落では、住居に隣接して墓と考えられる土坑がつくられる。中には細長い石が立てられたと見られるものもあり、墓標のような役割だった可能性がある。石器などが副葬されることもあるが、特筆されるのは、北海道函館市垣ノ島B遺跡から国内最古の漆製品が出土したことで、頭部や肩・腕部などに装着した当て布のようなものとみられる。

　後半期には集落数はさらに増え、集落の居住域と分離して墓域がつくられるものがある。個々の土坑墓は楕円形や円形で、長さが2mを越える大型のものも少なくない。また、墓の上面に複数の石が置かれたように確認されるものもある。副葬品には土器や狩猟具（石鏃や石槍）、加工具（石錐など）、調理具（磨石、叩石など）の石器があり、数や種類が増える。北海道では、垣ノ島遺跡などのように足形付き土製品などが副葬される例もある。

（3）前　期

　前半は不明な点が多いが、後半には円筒土器文化が成立・展開し、中期中頃まで継続する。この時期は土坑墓のほかに、壁際に溝を巡らせた木棺墓と考えられるものや、埋設土器（小児用甕棺）、フラスコ状土坑の転用墓が検出されるようになる。青森市石江遺跡や新町野遺跡、大館市池内遺跡などのように、狩猟具（石鏃、石槍）、伐採具（石斧）などの副葬品は質・量とも引き続き多く、石江遺跡では土器に入れられたアスファルトも一緒にみつかっている。石江遺跡では、狩猟具や伐採具などがまとまって副葬される墓がある一方、磨石や敲石などの調理具がみつかる墓があることから、性別の違いが反映されている可能性

図2　漆製品が出土した墓
（函館市垣ノ島B遺跡）

がある。

集落において墓がつくられた場所は早期後半と同様であるが、貝塚や盛土内に埋葬された人骨がみつかることがある。貝塚と重複する土坑墓の例として、つがる市田小屋野貝塚では貝層下から出産の痕跡がある女性埋葬人骨が、伊達市北黄金貝塚では、ベンケイ貝の装身具が装着され、土器が供えられた人骨がみつかっている。洞爺湖町入江貝塚などの人骨には墓の掘り込みが確認されないものもある。貝などで覆った可能性が考えられており、後期にかけて断続的にみつかっている。埋設土器は居住域の近くや捨て場にまとまってつくられる。円筒土器文化の初期の段階からみられ、土器が入るくらいの穴に直立状態のまま入れる場合が多いが、倒立や２個の土器を上下に合わせて埋設されるものもある。八雲町コタン温泉遺跡や東北町古屋敷貝塚などでは、埋設土器から乳児骨がみつかっている。転用墓では複数体の人骨が埋葬されたものもあり、前期とみられる八雲町栄浜１遺跡では９体の合葬人骨が出土し、前期末の二戸市上里遺跡でみつかった７体では家族構成が推定されている。

（4）中　期

前期末以降、青森県を中心として特徴的な墓域が発達する。集落の一角に居住域とは別に墓域がつくられ、道路跡と考えられる遺構に沿って土坑墓が並列するものである。青森市三内丸山遺跡や七戸町二ツ森貝塚など円筒土器文化期を通じて、長期継続、大規模で拠点的な遺跡に見られる特徴といえる。三内丸山遺跡では集落の中心部から東側と南側にそれぞれ道路跡が検出され、墓が付随する。集落中心部から東側の約420mにわたる道路跡では、その両側に主に土坑墓が並び、南側の約370mにわたる道路跡では、斜面の高い側に土坑墓や環状配石墓が連続する。環状配石墓は中頃から後半期につくられたもので、周辺に分布する土坑墓より新しいものである。配石は直径約４mで土坑墓を取り囲むように置かれ、部分的には縦横に交互の配列が観察される。墓の壁際を巡る溝の中から板材や、底面付近から赤色顔料が確認されたものがある。

この時期の土坑墓では副葬品には調理具の礫石器などがあるが、前期までと比べると少なくなる傾向にある。ま

図３　各種の石器やアスファルトなどが副葬された土坑墓（青森市石江遺跡）

図４　乳児骨が出土した埋設土器
（八雲町コタン温泉遺跡）

図５　土坑墓列
（青森市三内丸山遺跡）

図6　竪穴住居跡から出土した人骨
（八戸市松ヶ崎遺跡）

図7　石棺墓
（西目屋村水上（2）遺跡）

図8　3個まとまって出土した再葬土器棺墓
（五戸町薬師前遺跡）

た、前期に現れた埋設土器やフラスコ状土坑の転用墓は、この段階でも継続する。

中期後半には、南東北の大木式土器文化の影響を受け、北海道・北東北の円筒土器は大木系土器へと変容するが、両時期にまたがる三内丸山遺跡では集落構造に大きな変化はない。一戸町御所野遺跡では、東西に分かれた集落の中央に配石遺構や土坑墓を主体とした墓域がつくられる。また、この時期にもフラスコ状土坑の転用墓があり、二ツ森貝塚では8体分の人骨が出土した。八戸市松ヶ崎遺跡では竪穴建物跡床面から人骨が出土した。

（5）後　期

中期末以降後期前半にかけて、主に本州で石棺墓や再葬土器棺墓が出現する。両者は、一次埋葬施設の石棺墓、二次埋葬としての再葬土器棺墓として、セットとして考えられることもある。石棺墓は北東北を中心にみつかっている。壁際に扁平な石を並べ、底面には石が敷かれるものとないものがある。石棺墓のみが複数つくられるものや再葬土器棺墓とともに墓域をつくるもの、環状列石内やその周辺、集落の中につくられるものがある。中期の拠点的な集落での並列する土坑墓とは対照的に、縦列に並ぶものが多い。西目屋村水上（2）遺跡では狭い範囲に折り重なるように重複して石棺墓がつくられる。二次埋葬施設である再葬土器棺墓は、前・中期の埋設土器が日常で使用する土器が二次利用されるのに対し、専用の大型の土器が製作・使用されることが多い。中から人骨が出土する場合、その位置関係は人体の位置関係からみればバラバラで、再葬されたことを示している。五戸町薬師前遺跡では、上下に合わせた土器が3個まとまっており、中から出土した人骨には貝輪が装着され、牙製垂飾品等が複数点まとまって出土した。

土坑墓は、後期にも継続する。後期後半の国宝の合掌土偶が出土した八戸市風張（1）遺跡では、環状集落が見つかっている。集落の中央に墓域、その周囲にフラスコ状土坑などの土坑群と掘立柱建物跡、さらにその外側に竪穴住居が同心円状に分布する。土坑墓群は2群に分かれ、計130基検出された。それらのうち15％でヒスイ製などの玉類が出土した。また、1基の土坑墓からは、全土坑墓から出土

したヒスイの約４割が出土し、ベンガラが１割弱の墓から
出土するなど、墓の内容には違いがある。

（6）晩　期

　晩期の土坑墓は集落がつくられるような台地上に形成さ
れる場合や、丘陵上に墓域が形成される場合がある。前者
では八戸市是川石器時代遺跡や五所川原市五月女萢遺跡な
どのように、集落の一部として竪穴住居や掘立柱建物、捨
て場などとともに検出されることもあるが、後者のように
居住施設の数がない、または少なく、共同墓地と考えられ
る遺跡もある。
　晩期も墓の形態は平面形が楕円形の土坑墓が主体で、円
形や円形で断面形がフラスコ状のものもある。
　つがる市亀ヶ岡石器時代遺跡や五月女萢遺跡の土坑墓で
は、上面にローム質土のマウンドが明瞭に残る。また、青
森市朝日山（2）遺跡では、長辺壁側の溝から板材が検出
され、木棺墓と考えられる。
　土坑墓からは、装着品としてヒスイ製や緑色凝灰岩製な
どの玉類や籃胎漆器や帯状装身具などの漆塗りの製品など
が出土するものもある。是川石器時代遺跡などでは人骨が
出土しており、埋葬姿勢は屈葬が多い。1つの土坑墓に複
数の遺体が合葬された例があり、八戸市八幡遺跡などでは
2体が合葬された例である。三戸町中野（2）遺跡では1
基の土坑墓から4個体分、もう1基の土坑墓からは2個体
の頭骨だけがみつかり、再葬墓と考えられている。
　埋設土器も継続して検出され、中から玉類やベンガラが
見つかる例もある。2個の土器の口を上下に合わせた合わ
せ口土器棺もあり、南部町虚空蔵遺跡では幼児骨とともに
猪牙製垂飾品が出土したとされ、再葬墓も可能性もある。
　フラスコ状土坑からの人骨の出土例として、階上町滝端
遺跡では抜歯された屈葬人骨が検出された。また、階上町
寺下遺跡では貝層中から幼児骨が出土し、掘り込みのない
墓の可能性がある。

3　墓が示す社会の複雑さ

　北海道・北東北における縄文時代の墓の変遷を見てき
た。早期から墓の傍らに石を置く例や、石鏃などの狩猟具

図9　調査の様子
（白線が土坑墓：八戸市風張（1）遺跡）

図10　紐状の漆製品
（青森市朝日山（2）遺跡）

図11　連なるように出土した玉
（六ヶ所村上尾駮（1）遺跡）

図12　環状配石墓（青森市三内丸山遺跡）

図13　木棺墓（青森市朝日山（2）遺跡）

のような生前の役割をあらわす副葬品が出土する例がある。その後、埋設土器にみられる年齢階梯による墓の違い、木棺墓や環状配石墓、石棺墓などの出現、再葬土器棺墓による二次埋葬の出現、後期の環状列石・北海道に特徴的な周堤墓といった大規模記念物の存在など、墓やそれに関連する施設には時期ごとの特徴がある。墓の構造や埋葬方法などが変容していき、多様化したことがわかる。環状配石墓や石棺墓、再葬土器棺墓などの多様な墓は、その特殊性が目立つが、集落規模や集落数に対し検出数は限定的といえる。また、早期や前期の豊富な実用品などの副葬品や後期以降の着装品としての玉類や漆塗りの製品などは墓域の中でも偏在する傾向にある。厚葬といえる豊富な副葬品・装着品などがみつかる墓は、集落や地域における特別な存在を示すものと考えられ、祖先崇拝の意識が表れたものといえるだろう。また、北海道の特徴として、後期後半以降の墓の中や墓域からほぼ完全な形の土偶が出土するなど、土偶を用いた祭祀の可能性が論じられている。土坑墓など埋葬施設以外にも、フラスコ状土坑の転用、貝塚への埋葬など、さまざまな場所、埋葬方法がある。このような違いには、当時の社会・集団の複雑さが表れている。

（小笠原雅行）

参考文献

青森県 2013『青森県史 資料編 考古2　縄文後期・晩期』。

青森県 2017『青森県史 資料編 考古1　旧石器縄文草創期〜中期』。

岡村道雄 1993「埋葬にかかわる遺物の出土状態からみた縄文時代の墓儀礼」『論苑考古学』。

岡村道雄 2010『縄文の漆　ものがたる歴史20』同成社。

小林　克 2009「円筒下層式期の墓制」『東北縄文前期の集落と墓制』東北芸術工科大学東北文化研究センター。

中村　大 2007「亀ヶ岡文化の葬制」『死と弔い─葬制─　縄文時代の考古学』9　同成社。

長沼　孝 1992「北海道の土偶」『国立歴史民俗博物館研究報告』第37集。

藤原秀樹 2019「北海道地方における葬墓制研究の現状」『縄文時代葬墓制研究の現段階』第2回研究集会。

9. 祭祀・儀礼と盛土

1　縄文人の精神世界を探る

　盛土は、北海道・北東北における縄文時代の特徴的な遺構の一つである。長期間にわたって大量の土砂を人為的に盛り上げたもので、多くの遺物が含まれる。土器や石器、土偶などを廃棄しては土砂で埋める行為を長期間繰り返すことで小丘状となったもので、縄文時代前期から晩期にかけてみられるが、中期には特に大規模なものが多い。

　盛土からは土器や石器のほかに、祭祀や儀礼に関連する土偶や土製品、石製品なども極めて多く出土する（図1）。また、盛土では焼土や炭化物、焼骨なども確認されることが多く、火を用いた行為との関連性もうかがえるとともに完形の道具を廃棄したり、土器を埋めたりする状況などもみられ、この場所でさまざまな行為のなされていたことが推測できる。これらの痕跡をすべて祭祀や儀礼行為に結びつけることには慎重になる必要があるが、発掘調査で得られた所見からは、当時の人々にとって盛土が特別な場所として認識されていたものであることが推測できるため、縄文時代の祭祀や儀礼に関わる複雑な精神文化を検討するうえで重要な遺構として位置づけることができる。

　また、このような大規模盛土が確認される遺跡は、青森市の特別史跡三内丸山遺跡や北海道福島町館崎遺跡などのように、いずれも地域を代表する拠点集落に限られており、それらは長期間継続するものが多い。盛土は地域における拠点集落の役割や機能を推測するための重要な遺構ともいうことができる。

2　北海道・北東北における縄文時代前期〜中期の盛土の特徴

　前期に遺物が集中して出土する場所として捨て場があり、集落の斜面地や谷、竪穴住居跡の凹地などが利用されている。これらの捨て場は基本的には土砂を伴わず、土器

図1　盛土から出土した多様な祭祀関連遺物
（1．ミニチュア土器　2．土偶　3．石製品　4．土製品）

や石器などが集中的に廃棄されているという特徴がある。しかし、土砂を伴った盛土は、北海道では函館市八木A遺跡では認められる。

　中期に入ると、大量の土砂とともにおびただしい遺物が繰り返し廃棄されながら地面を盛り上げる大規模な盛土が発達する（図2）。この時期に盛土が確認される遺跡として、前述した特別史跡三内丸山遺跡や館崎遺跡のほかに、青森県つがる市石神遺跡、外ヶ浜町中の平遺跡、秋田県男鹿市大畑台遺跡があげられる。いずれも前期中葉から中期中葉にかけて北海道南部と北東北に展開した円筒土器文化に属する、地域を代表する拠点集落である。

　中期の盛土は長期間継続して形成されることも特徴の一つであり、土器の型式にして5から10型式、一千年以上におよぶものもある（青森県教育委員会 2018）。このことは、当時の人々が世代を越えて、道具類と土砂を廃棄することで盛土の構築を繰り返し行っていたことを示している。

　長期間継続する拠点集落では、集落の造成が何度も行われていると考えられ、その際に排出された土が繰り返し同じ場所に集められ盛土が形成されたと推測される。長期間継続する拠点集落だからこそ、平地を確保するためや道路の掘削、建物の新築や修理、施設の配置の変更などの集落の造成が継続的に行われたと考えることができ、盛土が大規模に発達する大きな要因のひとつであると考えられる。盛土は徐々に大きく高くなるにしたがい、土器を埋めたり、完形の道具やまつりの道具を廃棄したりする多目的な場として成長していったと考えることができる。

3　三内丸山遺跡の盛土

　地域を代表する拠点集落の中でも、三内丸山遺跡は複数
の盛土が確認されている稀有な例である。それぞれの盛土
について詳細な調査も行われているため、三内丸山遺跡を
中心に考古学的事例を整理・検討することで、当時の人々
が盛土をどのように位置づけていたのかを議論することが
可能になると考えられる。

　三内丸山遺跡の盛土は集落内の位置する場所ごとに、そ
れぞれ北盛土、南盛土、西盛土と呼称されており、いずれ
も大規模である（図3）。北盛土は南側が広がる台形状で、
南北約80m、東西約60m、最大の厚さが1.8m、南盛土は、
北側が広がる台形状で、南北約70m、東西約40m、最大の
厚さが2.1mである。西盛土は谷地形の落ち際を取り巻く
ような馬蹄形で、長さが120mを超え、幅60m以上、最大
の厚さが1.8mである。北盛土と南盛土は平地に形成され
た小丘状で、西盛土は谷地形を
取り巻くように斜面に形成され
たものであるため、前者と後者
は異なる意味をもっている可能
性がある。北盛土や南盛土とは
異なり、西盛土では小児の墓と
考えられる埋設土器が多数密集
している（岡田2014）ことか
らも盛土の性格の違いを指摘す
ることができる。

　北盛土は前期末から中期の終
わりまで、南盛土は中期の始ま
りから終わりまでの約千年間に
わたり形成されており、土層断
面では厚さが10cmにも満たな
い薄層が数十から数百層も確認
される。観察される薄層は水平
に堆積しているものが多いた
め、人為的に整地されていた可
能性が高い（岡田2014）。この
ことから、当時の人々が数百年

図2　大規模な盛土
（青森市三内丸山遺跡）

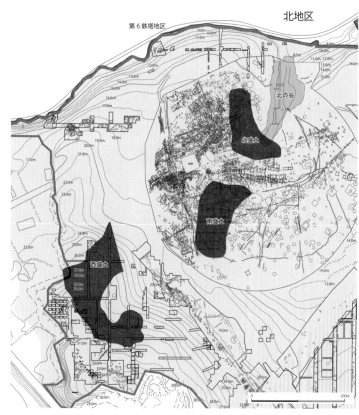

図3　三内丸山遺跡の北盛土・南盛土・西盛土の位置関係（赤色の範囲が盛土）

にもわたる長い期間に、盛土において道具などを廃棄し土を覆うという行為を幾度となく繰り返していたことがわかる。土層にはローム質土や焼土、炭化物、焼骨なども多く、これらが混合したものも認められる。

　このように、三内丸山遺跡における盛土の特徴からは、人為的に土を水平に整地することや、土器や石器とともに、土偶などのさまざまな精神文化に関連した道具が繰り返し廃棄されているなど、集落造成時に排出された土の寄せ集めのみでは説明できない事例も数多く見受けられる。南盛土はその下に土坑墓が存在しているため、盛土は構築の当初から重要な意味を付加されていたと考えることもできる。

4　祭祀・儀礼と盛土

　盛土が中期の拠点集落における活発な集落活動と不可分の関係にある存在であるとともに、そこには当時の人々の精神文化を強く反映していると考えられるさまざまな証拠も確認されている。

　盛土からは土器や石器だけではなく、土偶や土製品、石製品などの祭祀に深く関連する遺物も多く出土する（図1）。また、それらの種類が多いことも特徴の一つで、土偶やミニチュア土器、さまざまな装身具や例えようのない形態の土製品や石製品などがある。特に三内丸山遺跡のこれらの製品を素材や形態で分類すると、円筒土器文化における祭祀関連遺物のカタログを見るかのように充実した種類がそろっている。

　三内丸山遺跡の盛土から出土した祭祀関連遺物の多さや種類は際だったものであるが、そのほかにも長期間にわたる盛土の形成過程には、土砂やさまざまな道具などの廃棄という表面的な現象だけではなく、その背後にある当時の人々の複雑な祭祀や儀礼と関連性があると考えられる事例もあるため、以下にいくつか紹介する。

（1）完形道具の廃棄

　盛土からは土器や石器、土製品や石製品などがまだ使用できる状態で発見されることも多い。

　三内丸山遺跡の盛土では、完全な形に復元できる土器が

図4　土器が集積する様子
（青森市三内丸山遺跡）

図5　横倒しで検出された円筒土器
（福島町館崎遺跡）

多く見られ、それらが集中して確認される場所がある（写真3）。福島町館崎遺跡でも同様の特徴があり、中期初頭の土器（円筒上層a2式）が横倒しになったものが半円状に出土する場所が確認されている（図5）（（公財）北海道埋蔵文化財センター2017）。また、このような土器は層と層との境で出土するため、盛土が形成される過程で地表面として露出していた場所に集中的に廃棄されていることがわかる。廃棄後、土で覆いならしている状況も土層断面から確認することができるため、盛土で継続的に使用可能な完形土器の廃棄が行われていたことが推測できる。完形土器をあえて廃棄するという行為には、毎日のように煮炊きなどに使用される土器を神々の世界に送り返してやることによって、感謝の気持ちを表現しているとも考えることができる。

（2）埋設土器との関連性

盛土には復元可能な完形に近い土器が多く出土するという傾向があるが、小児の墓と考えられている埋設土器と密接に関連する場所もみられる。三内丸山遺跡では、西盛土で埋設土器が多数密集している場所があり、北盛土や南盛土とは異なった特徴のあることが指摘されている（岡田2014）（図6）。館崎遺跡や中の平遺跡の盛土にも、土器が立っていたり、伏せられたりした状態で発見されるものがみられ、埋設されたととらえることができるものもある。埋設土器は盛土以外の場所でも確認されるため、土器を埋めるという行為に場所や時期ごとに違いがあるのか、埋設土器が小児の墓以外の用途があった可能性も含めて、今後の検討課題でもある。

（3）火との関連性

盛土からは焼けた土や炭化物などが確認されることも多く、火に関連した祭祀や儀礼が行われている可能性がある（図7）。また動物などの焼骨などが炭化物の層に伴って出土することもある。単なる廃棄とも考えられるが、骨を意図的に焼くような儀礼が行われた可能性もある。

（4）場所の継続性

三内丸山遺跡の南盛土では、同種の遺物が層を変えても

図6　埋設土器が多数密集して確認される西盛土
（青森市三内丸山遺跡、中央の断面に二つ並んで確認できる）

図7　盛土で見つかった焼土や炭化物
（青森市三内丸山遺跡）

平面的には同じ地点から出土する傾向があり、常に場を意識していた結果であると指摘されている（岡田 2014）。盛土が単に廃棄物の集積場ではなく、同じことを同じ場所で繰り返す必要がある行為がなされる重要な空間であったことがうかがえる。また、三内丸山遺跡の南盛土直下では前期の土坑墓が確認されている。特別な場として意識されていたものと考えられ、その直上に盛土が形成されていることは偶発的な出来事とは考えにくい。

　北盛土の北側では埋設土器の分布範囲を避けることなく、重なりながら盛土が拡大している状況がうかがえる。埋設土器が分布する重要な範囲を覆いながら盛土が拡大していくことも、盛土が大規模化するとともにその重要性が増していったことを示唆している。

　盛土が多くの土を繰り返し集めた場所であるという背後には、長期間繰り返された集落の造成があり、中期における拠点集落での活発な活動の結果ととらえることもできる。一方で、最初は小さなマウンド程度であったものが成長するにしたがい、土を水平にならしながら土器や石器、祭祀に深く関連する完形の道具が多く廃棄されることや、土器の埋設、火に関連する痕跡の多さなどからは、盛土がさまざまな行為が重層的になされる空間に成長する姿がみてとれる。これらの事例から、「火を燃やして完全な形の道具を神々の世界へ送る場所であった」や「土偶やミニチュア土器を使って神々に祈りをささげた」などの、縄文時代の祭祀や儀礼を解釈することは可能であるが、現在までに確認された証拠からはそこまで言い切ることは難しい。

　しかし、当時の祭祀や儀礼を復元できる証拠が多く確認されるのも盛土の特徴である。盛土は当時の精神文化を解明するための多くの痕跡が空間的にも時間的にも広がっている重要な遺構であるといえる。　　　　　（岩田安之）

参考文献

青森県教育委員会 1975『中の平遺跡』青森県埋蔵文化財調査報告書第25集。

青森県教育委員会 2017『三内丸山遺跡44総括報告書第1分冊』青森県埋蔵文化財調査報告書第588集。

青森県教育委員会 2018『三内丸山遺跡44総括報告書第2分冊』青森県埋蔵文化財調査報告書第588集。

岡田康博 2014『三内丸山遺跡』同成社。

（公財）北海道埋蔵文化財センター2017『福島町館崎遺跡』（公財）北海道埋蔵文化財センター調査報告書333。

10. 環状列石

1　環状列石

　縄文時代は定住社会が充実すると、次第に祭祀・儀礼も発達し、記念物（モニュメント）を出現させたのである。縄文時代の遺構・遺物は日本の土壌が酸性のため、人骨、残滓、竪穴住居の上部構造といったものは、よほど好条件でなければほとんど残存せず、我々が発掘調査を行う対象は、竪穴住居の穴、柱の穴、お墓の穴である。一方、記念物は縄文文化の中で地上に残された数少ない遺構であり、縄文人の精神世界を解き明かす機会を我々に与えてくれるのである。記念物は小林達雄によると、縄文人にとって世界観を可視化し強化する舞台装置なのである。記念物の種類は盛土遺構、環状周堤墓、そして環状列石がある。ここで述べる環状列石はおびただしい数の河原石を地上に円環状に配置し、円環は二重、三重になるものものあり、その直径30m 以上、50m を測るものもある。列石の直下や周囲には土坑墓が伴う場合があることも特徴である。

　環状列石は縄文時代後期前葉に、北海道渡島半島から岩手県及び秋田県北部（北緯40度ライン）までの地域において、もっとも盛んに造営される。この地域は縄文時代を通して共通した文化が存在することを早くから指摘され（冨樫 1974）、近年は縄文時代を通して「津軽海峡文化圏」（小林 2010）として知られている。同じカタチの道具を使い、同じような遺跡を造営し、似たような祭祀を執り行っていた可能性のある極めて親密な地域性なのである。

　縄文時代後期における環状列石の遺跡は、特別史跡大湯環状列石をはじめ、史跡小牧野遺跡、史跡伊勢堂岱遺跡、史跡鷲ノ木遺跡などがある。なぜ、縄文時代後期に大規模な環状列石が次々と造営されたのか。考古学では縄文時代後期にはそれ以前の中期と比較して、竪穴建物の検出数が大幅に少なくなることから、大規模な人口減少が起きたと考えられてきた。そして、中期末からはじまる遺跡数の減

図1　上空からみた大湯環状列石

図2　上空からみた小牧野遺跡

図3　上空からみた伊勢堂岱遺跡

図4　小猿部川上流の河原石

少が、約4,300～4,200年前（約3,800BP）に起こった気候の寒冷化に原因があると考えられるようになった。人口減少と寒冷化の二つの現象から、後期になると集落は小さな集落を営む分散居住の形態をとり、人々はそれぞれの集落から離れた場に大規模な記念物をつくり、マツリになると環状列石に集まってきたという考え方が定着したのである。現在では年代測定や、時期別の遺跡数変化といった研究も進んでおり、環状列石造営の社会背景については、まだ研究を詳細に深める余地があろう。なお、小林達雄は人口減少の理由をかなり早くからインフルエンザといった感染症の可能性があることを指摘しており、昨今の社会情勢と重ねて考えると、とても興味深い。環状列石は、大湯環状列石のみ後期中葉まで継続するが、他の遺跡は前葉でその役目を終える。そしてしばらく姿を消すが、大森勝山遺跡のように縄文時代晩期でも散見できる。

2　環状列石の造営工程と祭祀儀礼など

（1）選　地

まず、縄文人たちは河川に近い台地を選ぶ。河川との比高20mを超える台地は樹木や植物が生い茂る土地の場合、切り開く必要があるだろう。樹木の伐採だけでない。伊勢堂岱遺跡の環状列石直下の土壌を採取し分析したところ、多量の微粒炭を含んでいることがわかった。焼畑のように台地に火入れが行われた可能性が指摘されている。

（2）石の獲得

環状列石の石はどこから持ち込まれたのであろう。大湯環状列石に使われている石の種類は、主に遺跡付近を流れる大湯川の支流である阿久谷川で確認できる石英閃緑ひん岩である。遺跡から河川まで距離は4～7kmもある。石の重さは30kg程度で、中には100kgを超えるものもある。

一方、伊勢堂岱遺跡の石は周辺の米代川や小猿部川など遠いところで4～5km先の河川から持ち込まれた。石は大湯のそれとは小ぶりであるが、目立つ特徴は色である。白・青・被熱した赤色などさまざまである。緑色の石にこだわる大湯環状列石とは極めて対照的だ。同じ時代の環状列石であるが、縄文人の石へのこだわりに違いがあること

は、とても興味深い。

（3）石の運搬
　環状列石Aの北側では、台地の縁へ向かって延びる硬化面を確認した。道路状遺構である。同様な遺構は岩手県湯舟沢遺跡など他の遺跡でも検出されている。ソリのようなものを使用して石を運んだのであろうか。

（4）石を並べる
　大湯環状列石では二重の円環のうち、内側の小さい円環を「内帯」、外側の大きい円環を「外帯」と定義された。環状列石はさまざまな形状がある。例えば、伊勢堂岱の環状列石Aのように内帯がなく、柄鏡のような形をしている。これは二重の円環をつくろうとしたが、完成しなかったものと考えられる。小牧野遺跡のように部分的に三重を呈するものもある。土器や石器と同様に、環状列石も初めにイメージがあり、造営したにもかかわらず完成しなかったものもある。これは「永遠の未完成」（小林 2010）との言葉が相応しい。環状列石は単に石を置いたのではなく、小型の石組の集合体でもある。伊勢堂岱遺跡発見当時に話題となった環状列石の一部に採用されている梯子状に組まれた石組は小牧野式と呼ばれ、青森県小牧野遺跡ではじめて確認された特徴的なものであり、直線距離で100km離れた2遺跡の関係性を示唆している。

（5）土木工事
　小牧野遺跡は最大の部分で直径55mの巨大な環状列石を中心とする遺跡で、発掘調査から斜面を削平・盛土してから、環状列石の石を配置していることが明らかになった。その労力は多大であり、時には土木工事という言葉に例えられる。同様な事例は伊勢堂岱遺跡の環状列石Cでも確認され、列石の内側の土を掘削し、そこで得た土を外側に盛土した後に石を配置している。盛土することで環状列石が立体的にみえる視覚的な効果を得られるのである。

（6）単体・複数
　環状列石は単体のものだけでなく、複数造営される遺跡もある。大湯環状列石（万座環状列石・野中堂環状列石）

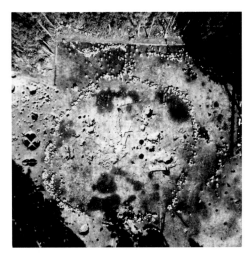
図5　伊勢堂岱遺跡の環状列石A

図6　石の並べ方
　上）小牧野遺跡における小牧野式
　下）伊勢堂岱遺跡における小牧野式

図7　伊勢堂岱遺跡の四つの環状列石

図8　大湯環状列石国営調査

図9　小牧野遺跡の土器棺墓

図10　掘立柱建物跡の検出状況

と伊勢堂岱遺跡（環状列石A・B・C・D）である。ところで、縄文時代の竪穴建物や土坑墓はよく重複して検出される。つまり、古い墓に重なるように新しい墓をつくる。一方、環状列石はこれだけ巨大な遺構にかかわらず、全く重複しない。狭い台地を最大限利用しながら、どの列石も一定の間隔を保ち造営されるのである。これは複数の列石は造営の開始の差はあるが、造営が同時並行で進んでいたことを示唆する。伊勢堂岱遺跡では、最も早い時期から時間をかけて造られたのが環状列石Cで、その他はやや遅れて造り始めていることが確認されている。

　複数ある環状列石は何を意味するのか。列石ごとに造営した集団が異なるのであろうか。興味は尽きない。

（7）埋　葬

　大湯環状列石の1951・1952（昭和26・27）年から1952年までに行われた国営調査で、列石の下に土坑墓が確認されている。伊勢堂岱遺跡においても下部に土坑墓は検出されているが、土坑墓は環状列石の石を外さないと発掘調査を進めることは困難であるため、全容は掴めない。土坑に遺体を埋めるだけでなく、土器棺墓が列石の間から発見される事例も考えられる。土器棺墓は人骨を土器の中に納め、地中に埋める埋葬方法で小牧野遺跡では高さ30cmを超える大形の壺を埋めている。伊勢堂岱遺跡でも高さ30cm程度の深鉢を利用し、被熱した赤礫を蓋石として用いる。

（8）環状列石の外周につくられる遺構

　大湯環状列石の発掘調査成果から、環状列石の外周にさまざまな遺構が同心円状に配置することが判明した。環状列石の外周には掘立柱建物跡、さらに外周には貯蔵穴、さらに外周には遺物廃棄域となる。伊勢堂岱遺跡でも同様な構成を確認している。

　掘立柱建物跡は6本の柱穴が組み合い、一つの建物跡になる。同じ場所で繰り返し建設されたこともある。建物の機能はマツリの施設や住居説、倉庫説などを想定されている。伊勢堂岱では掘立柱建物跡の一部ものに、建物の内側中心部分に火を焚いた炉跡（地床炉）を確認したことから、一部が平地式構造であることもわかってきた。

　津軽海峡を挟んだ北海道の鷲ノ木遺跡には掘立柱建物跡

はなく、代わりに竪穴墓域という遺構がある。直径11m×9mの竪穴状の窪みの中に土坑墓が掘り込まれる。このように、環状列石造営ばかりでなく、同時にさまざまな大形の遺構も構築していることにも注目しなければならない。

（9）道　具

　環状列石からはさまざまな遺物が出土する。粘土で造形した土器・土製品、石をうち欠き、あるいは磨いて製作した石器、石製品が出土している。土製品は土偶、動物形土製品、キノコ形土製品、鐸形土製品、渦巻状土製品などがある。石器は石鏃、石槍、石匙、スクレイパー、三脚石器、石皿、凹石など、石製品は石棒などを挙げることができる。縄文文化の道具には小林達雄によって「第一の道具」、「第二の道具」と二つに分類されており、第一の道具は石鏃・石匙・石斧など、汎世界的に分布し現在の我々がみても機能を想定しやすいものである。一方、第二の道具は、機能を想定しにくいもので、非実用的な道具であると定義している。伊勢堂岱遺跡の調査では、第二の道具は環状列石の礫の並びから外側にかけて数多く出土した。それに比べて列石の内側では遺物の出土は圧倒的に少ない。「縄文社会の記念物とは、口頭伝承の場の象徴であるとともに、伝承すべきコトをモノに置き換え、歌や舞踊を通して口頭伝承が具体的になされる祭祀儀礼や葬送儀礼の舞台装置として重要な意味を担っていた」（宮尾 1999）ことを踏まえると、列石内側は、地面の下に位置する土坑墓も含め、舞台装置の場として利用された。

（10）縄文ランドスケープ

　では、いつ頃に祭祀が行われたのであろうか。大湯環状列石では二つの環状列石とそれぞれの日時計状立石遺構の4点を結んだ延長線上に、夏至の日の入りが位置する。大湯環状列石には多くの遺構がみつかっているが、この夏至のライン上には遺構の分布は極めて希薄であり、いかにこの見通しが重視されていたかを物語っている。

　大湯環状列石と似た事例が大森勝山遺跡でも確認されており、環状列石の南側にそびえ立つ岩木山（標高1,625m）の頂上に冬至の日に日が沈む。積雪の多いこの時期においては、日の入りの瞬間は眩しく、とても神秘的だ。

図11　大湯環状列石の立体表示された建物

図12　台付鉢（大湯環状列石、高さ20cm）

図13　板状土偶（伊勢堂岱遺跡、高さ19cm）

図14　マツリの道具（伊勢堂岱遺跡後列の鐸形土製品は高さ5〜7cm）

図15　大湯環状列石の夏至の日の入り

図16　迂回された県道（伊勢堂岱遺跡）

図17　環状列石の地下を通る高速道路（鷲ノ木遺跡）

参考文献

榎本剛治　2011「環状列石造営の工程」『月刊考古学ジャーナル』No.612　ニューサイエンス社。

小林達雄　2010「縄文の世界」『世界遺産　縄文遺跡』同成社。

谷口康浩　2019『入門縄文時代の考古学』同成社。

冨樫泰時　1974「円筒土器文化圏が意味するもの」『北奥古代文化』6号、北奥古代文化研究会。

宮尾　亨　1999「自然の中に取り込んだ人工空間としての記念物」朝日新聞社。

これらを「縄文ランドスケープ」と呼び、さまざまな遺跡において同様な現象が確認されている。世界各地の古い宗教的行事が、二至二分と深く結びついているように、記念物をつくった縄文人は、このタイミングに祭祀を行ったと考えられる。

（11）環状列石とその背景にある縄文社会

環状列石をはじめとした記念物の造営には、多大な労力を必要とすることは容易に想像できる。多くの人々が造営に関わることで、権威的な首長の存在や、平等／不平等の発生もあったのだろう。谷口康浩は縄文文化の社会階層を論じる中で、環状集落の分節構造に表れた親族身分による集団・個人の差別化が社会階層につながったと考え、「後期には墓地と一体となった記念物造営がさら盛行する祖先祭祀が組織的におこなわれるようになり、儀礼祭祀に関係した工芸品や儀器の生産が促進され、希少品を入手するための長距離交易も発達した。儀礼祭祀の盛行とともに社会の複雑化が加速した」として、縄文時代後期に社会の階層化が進んだと考える。記念物造営を理由の一つとして階層論を主張する研究者も多いが、一方で批判的な研究もある。

3　世界遺産に貢献する環状列石

定住する狩猟採集民である縄文社会の成熟の中で生まれた環状列石は、これまで述べてきたように鉄器のない時代において多大な労力をかけて造営された。当時は自然が広がる中に突如広がる人工的な景観で、威容を誇っていたはずで、造営に参加する人々のエネルギーや想いは計り知れない。この特有の人工空間は、縄文人の世界観を表現したものであり、世界遺産となった縄文遺跡群の中でも極めて重要な要素の一つである。また、伊勢堂岱遺跡のように住民との合意形成の上、道路工事を中止した例や、鷲ノ木遺跡の高速道路工事のように極めて緻密な工事で現地保存した事例からも、考古学的な価値だけでなく、遺構保存の好例も世界遺産へ大きく貢献できると私は考えている。

（榎本剛治）

11. 岩偶と土偶

　縄文時代の精神文化を示す代表的な遺物といえば土製の人形である土偶である。土偶の「偶」には人形の意味があり、顔の表情や姿形、大きさもさまざまで、現代のわたしたちも興味を感じるのかもしれない。北海道・北東北の地には、国宝や重要文化財に指定された著名な土偶が数多く、中には教科書をはじめ、マスコットキャラクターなどで生活のさまざまな場面に登場しているものもある。「シャコちゃん」の愛称がある亀ヶ岡石器時代遺跡出土の遮光器土偶はその典型で、最も著名な土偶といっても過言ではないだろう。そのほか、人形を表わしたものに石製の岩偶がある。

1　岩偶について

　岩偶は製作時期や出土する地域や数は土偶に比べて限定的である。主に縄文時代前期から中期の北海道から北東北にかけてと、晩期の北東北に分布する。

　前期の岩偶は、逆三角形の胴体に小さな頭がついた形状で、顔は表現されない。凝灰岩など軟質な石が用いられるが、粘土を素材とする土偶に比べ、製作の制限からか細部までの表現はなく、腕部や体部に直線や三角形状の線刻が施されるものもある。

　中期には、本州では、土偶が入れ替わるようにして増加する。しかし、わずかながらではあるが、引き続き岩偶が作られ、その中には顔が表現されるものが散見される。一方、北海道では引き続き一層簡略化したような三角形や十字形の岩偶が作つくられ、多量に出土した遺跡もある。本州と北海道では人形のあり方にそれぞれ特徴が認められるが、千歳市梅川４遺跡と三内丸山遺跡でよく似た岩偶が出土しており、北海道と本州北部の共通性も感じさせる。

　晩期の岩偶は、主に青森県東部の馬淵川流域に多いという。丸い頭部は遮光器土偶とは異なるが、乳房表現、体部など全体としては似た形態である。

図1　遮光器土偶のモニュメントがある JR 木造駅

図2　さまざまな岩偶（青森市三内丸山遺跡、上段左端の岩偶は長さ11.9cm）

図3　泥障作狐森遺跡の土偶（肩幅4cm）

（別の写真、図4）
図4　多彩な表現の板状土偶（青森市三内丸山遺跡、写真中央の土偶は長さ12.6cm）

2　縄文時代各時期の土偶の移り変わり

　北海道の道南地域から北東北の地において、縄文時代草創期の土偶は未発見で、早期以降に作られるようになる。各時期の土偶は、形態や文様に違いがある。まず、その時期ごとの特徴（移り変わり）を、国宝や重要文化財に指定されている土偶を中心に概観する。

　早期の土偶は出土数も少なく、全体の形状がわかるものはない。関東地方などの同時期の土偶には、形状からバイオリン形や逆三角形があり、大きな乳房表現が特徴である。三沢市根井沼（1）遺跡や八戸市泥障 作 狐 森遺跡出土の土偶は肩幅が4cm前後と小さいものである。厚さ1cm程度の扁平で、腕の表現はなく、体部の上半は逆二等辺三角形になるようだが、下半は失われてよくわからない。泥障作狐森遺跡の例は乳房が剝がれ落ちているが、痕跡は確認できる。この土偶にも立派な乳房表現があったものかもしれない。

　前期には、南東北で土偶は増加するが、この地域では非常に少なく、前期終わり頃を中心に散見されるに過ぎない。また、岩偶を模した岩偶形土偶もわずかながら見つかっている。

　中期になると全国的に土偶の出土量は増加し、この傾向は北海道・北東北でも同様である。また、全国的に地域ごとの文化圏が顕在化し、各地で特徴的な土偶がつくられる。円筒土器文化圏の土偶は体部が扁平であることから、「板状土偶」と呼ばれることが多いが、あたかも奴凧のように真横に腕を突き出す形状から「十字形土偶」とも称される。この時期の土偶は顔の表現が付くものが一般的となる。また、円筒土器文化圏に限らず、一つの遺跡から100点を超える土偶が見つかることもある。特に三内丸山遺跡では2,000点を超え、全国最多の出土量である。

　円筒土器文化の土偶は単純な形状であるが、約1,000年間継続した中期において、少しずつ変化している。中期初頭から前葉の土偶では体形が逆三角形ないし短い腕が表現され、下半にかけてややすぼまる。中期中葉以降は腕が横に伸び、胴部全体の幅はほぼ均一になる。中期初頭の土偶に出現する顔の表現は、胸の位置にされ、その後、中期中

葉には人間本来の頭部の位置に表現される。文様の施文手
法は、縄を押し当てるものから、棒状の工具による沈線文
が主体となる。上半身の文様は、渦巻きや直線・弧状の煩
雑なものから単純なものへと変化する。脚部表面ではハの
字状からV字状の意匠へと変化する。

　人形とはいえ、体部の表現は極端に省略され、人間とは
似て非なるものである。土器を作りこなす縄文人からすれ
ば、技術的な未熟さとは考えられない。特に初頭期の胸部
分への顔表現には違和を感じるが、縄文人が土偶に託した
イメージゆえなのか、仮面装着など儀礼の場での姿を表し
たのか、そもそも正しい位置に表現することへのこだわり
がなかったのか、想像が巡る。

　後期の土偶は、前半では上半身が板状でO脚状のしっ
かりとした二脚の表現が現れることから板状有脚土偶など
と呼ばれる。中期末以降からの頭部が前に突き出す特徴が
継続する。腕は表現されないものもあるが、下向きに腕が
つくものが現れる。その後の土偶は、山形の頭部や膨らん
だ下腹部、体部の竹管状の刺突文、腰部の鋸歯文など、南
東北や関東地方と共通するものがある。ポーズをとるもの
もあり、八戸市風張1遺跡の国宝の合掌土偶が代表的であ
る。土偶の内部を空洞に作られた中空土偶もあり、北海道
函館市著保内野遺跡出土の国宝の土偶は著名である。キウ
ス4遺跡出土の土偶は体部下半のみ出土し、膝を折り曲
げ、内部は空洞、表面に赤い色が塗られた精巧なつくりで
ある。

　晩期の土偶では目が極端に強調された遮光器土偶が代表
的なものである。亀ヶ岡文化の土偶は東北北半を中心に、
一部は関西地方まで波及する。北海道にも室蘭市輪西遺跡
や余市町大谷地貝塚などで遮光器土偶をまねた土偶もあ
る。遮光器土偶は眼部表現が特徴的であるが、時間ととも
にデフォルメされたものであることが明らかにされてい
る。後期後半に粘土を貼り付けて表現された眼は徐々に大
きくなり、中央に横一線が加わることで「遮光器土偶」と
なる。また、眉や鼻を表す粘土紐は、上半部のみから眼の
周囲を巡るようになるなどの連続的な変遷によるものと理
解されている。その後、強調された目の表現は再び小さく
なり、顔や頭部、全体形の表現、文様などが変化してい
く。頭頂部の特徴や文様などから遮光器土偶以降、烏帽子

図5　三内丸山遺跡の大型板状土偶（重要文化財、
長さ32.4cm）

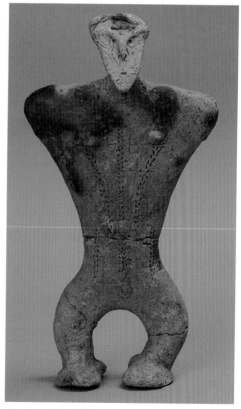

図6　有戸鳥井平4遺跡の土偶（重要文化財、高さ
32cm、肩幅17.8cm、腹部厚3cm）

図7　風張1遺跡の合掌土偶（国宝、高さ19.8cm、奥行15.2cm）

図8　二枚橋2遺跡の土偶（重要文化財、高さ25cm）

形土偶、結髪土偶、刺突文土偶などと呼称される。むつ市二枚橋2遺跡出土の土偶は、全体形がわかるものとして貴重である。また、立像以外にもX字形土偶や立体土偶と呼ばれる土偶もあり、形や大きさ、表現方法にバリエーションがある。

3　岩偶・土偶の大きさ

　早期までの土偶の高さは10cmに満たないものである。それ以降では、等身大もありそうな岩手県萪内遺跡の土偶頭部や同県八天遺跡出土の耳・鼻・口形土製品は例外として、最大の土偶とされるのは山形県西ノ前遺跡の国宝土偶「縄文のビーナス」（中期：45cm）、そして函館市著保内野遺跡出土の国宝土偶（後期：41.5cm）、宮城県伊古田遺跡の土偶（後期：41.4cm）が次ぐなど、土偶には大小の違いがあることは古くから注意されていた。土偶の製作の精粗は大きさにおおむね相関し、その違いは土偶の役割の違いにも反映されていたものと考えられる。

　三内丸山遺跡の土偶では、破片での出土が大半であることは他の遺跡と同様であるが、数ある中には高さがわかるものもある。最も小さいものは3.7cm、最大は32.5cmと幅が大きい。土偶の背丈の分布では6cmと10cmほどにピークがあり、さらに大きな一群がある。つまり、土偶の大きさには小・中・大で作り分けがなされていたことが考えられる。小型のものは細部までの作り込みが簡略化される傾向にある。大きさがわかる最大の土偶では、鼻孔まで施した眉鼻や後頭部の粘土紐による装飾のほか、胸と背中に黒色の付着物が観察されるなど、より手の込んだものである。このような大きさや精粗の違いは後期や晩期の遺跡

図9　三内丸山遺跡の土偶背くらべ

でも同様のことが言えそうである。

　大きさの違いは、前期の岩偶についてもいえ、10cm 以下の小型、10〜20cm の中型、20cm 以上の大型のものがある。なお、北海道福島町館崎遺跡出土の岩偶は約37cmと、突出した大きさである。また、晩期の岩偶にも大きさの作り分けがあるようだ。この大きさの違いは使用する対象の違いによるものと考えられ、小型は個人や家族、中型は地縁や関係を結ぶ集団、大型はムラやそれを超えた地域集団などをつかさどるものだったのかもしれない。

4　北海道と北東北の土偶・岩偶の共通点と相違点

　中期以降の土偶の数は北海道に比べ北東北が多く、著保内野遺跡などいくつかを除けば、北東北では継続的に大型の土偶が存在するが、北海道では少ない傾向にある。

　中期はこの地域においては、板状土偶という原則的な共通性があり、その分布域は円筒土器文化圏に重なる。相違点としては、本州では岩偶がごくわずかしか出土しないのに対し、北海道では前期から継続してつくられる点がある。とはいえ、粘土・石と材質の違いはあっても、多量に出土する遺跡があり、精神文化の拠点の存在を示すものかもしれない。また、北海道の土偶の中には、体部中央に大きな穴や両腕を横方向などに穴があるものがあり、本州の土偶にはほぼ見られない特徴である。三内丸山遺跡では、体部中央に穴がある岩偶が1点あり、粘土と石の材質の違いはあるが、同じような意識でつくられた可能性がある。横方向の穴についても、同様の土偶が1点ある。また、上述の千歳市梅川4遺跡と三内丸山遺跡の岩偶は、全体の形状だけではなく頭・少し突き出た腰・脚の表現、両腕部の貫通孔、円形の盲孔など類似点が多い。以上のように、本州と北海道では異なる点もあるものの、わずかながらではあるが、共通する要素が見られ、意識の共有が認められる。

　後・晩期の北海道では本州の影響を受けたと考えられる土偶もある。しかし、出土状況では本州と異なる特徴がある。北東北の土偶は捨て場から出土するものが大半である。北海道の特に後期後半以降は、完全ないしほぼ完全な形の土偶が墓から出土することが特徴とされる。道央以東

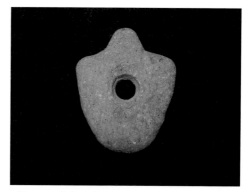

図10　三内丸山遺跡　体部中央に穴がある岩偶
（長さは6.8cm）

図11　三内丸山遺跡の石偶（千枚岩製、長さは10.6cm）

図12 墓から出土した土偶
(千歳市美々4遺跡)

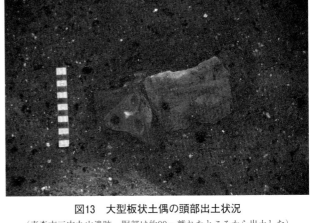

図13 大型板状土偶の頭部出土状況
(青森市三内丸山遺跡、胴部は約90m離れたところから出土した)

に多い傾向にあるようだが、著保内野遺跡の中空土偶も墓ないし近い場所から出土したとされる。本州でも墓から土偶が出土する例はわずかにあるものの、土偶の所有者や土偶自体の最期を送る儀礼や意識が、両地域で違いがあった可能性がある。

5 岩偶・土偶の用途

　土偶の用途は古くから考察されてきた。明治時代前半以降、玩具、神像、装飾品などの説が出された。具体的には、けがや病の際に患部を破壊し治癒を願う身代わり説、女性像である土偶を壊してばらまくことで再生や豊穣をねがう地母神説、自然神や祖先霊などと仲介する精霊説、安産や子孫繁栄を願う説などがある。精巧に作られ、赤い色が塗られた土偶などをみると、単なる玩具などとは考えにくく、現在では祭祀・信仰に関する遺物との見方が主流である。さまざまな説が出されるのは、いかに過去の精神文化を解き明かすことが難しいかを示しているが、個人や家・集団の守護、魔除け、安寧などを祈る対象だったのだろう。

(小笠原雅行)

参考文献

青森県教育委員会 2017『三内丸山遺跡44』青森県埋蔵文化財調査報告書第588集。

稲野裕介 1997「円筒土器に伴う岩偶(2)」『土偶研究の地平』1。

稲野裕介 2005「円筒土器に伴う岩偶―三内丸山遺跡の資料を中心に―」『特別史跡三内丸山遺跡年報』8。

金子昭彦 2001『遮光器土偶と縄文社会』ものが語る歴史シリーズ④ 同成社。

北の縄文世界展実行委員会 2010『北の縄文世界 土偶からのメッセージ』。

長沼孝 1999「北海道の土偶」『土偶研究の地平』3。

藤沼邦彦 1997『縄文の土偶』歴史発掘3 講談社。

三上徹也 2014『縄文土偶ガイドブック―縄文土偶の世界』新泉社。

12. 交流・交易

　かつて世界の東西の違いの遠因を旧石器時代以来の交易に求めた藤本強は、東アジアの特色は自給自足可能な事、と述べた。世界各地の定住を俯瞰する中で、集落の近くにいくつかの異なった生態系があり、そこに季節の資源が十分にある恵まれた自然条件のところでは十分に定住生活が可能だとし、典型例として日本の縄文をあげた。北海道・北東北に暮らした縄文の人々の生活は、まさにこの地域にある豊かな資源を獲得することで成り立っていた一方、各地と交流・交易を行っていたことも明らかにされてきた。

1　石　材

　縄文時代には、用途によって様々な種類の石器がうまれ、多様化した食料の獲得・加工や木材・骨角器等の加工・生産など、暮らしを支える道具として利用されていた。ものを切ったり刺したりするための剝片石器には、ガラスのように鋭く割れる石材が求められ、ものをすり潰したり、叩いたりするための礫石器にも、それに適した石材が使用される。このため、個々の道具に適した石材を求めることが暮らしを支えるためには極めて重要であった。

（1）頁　岩
　この地域の主要な剝片石器の石材であった珪質頁岩は、北海道や東北地方の日本海側が主な産地とされており、太平洋側ではこうした頁岩が採取できないことから、日本海側の産地から頁岩が運ばれ利用された可能性が指摘されている。青森県蓬田村山田（2）遺跡では、出土した3tを超える重量の頁岩剝片や石核、それに対する製品の少なさから、遺跡周辺の豊富な頁岩材料をもとに、多くの剝片石器を生産し他の集落に供給していたと考えられている。

（2）黒曜石
　石鏃や石匙などの剝片石器の石材として代表的な黒曜石

図1　珪質頁岩の石核、剝片など
（山田（2）遺跡）

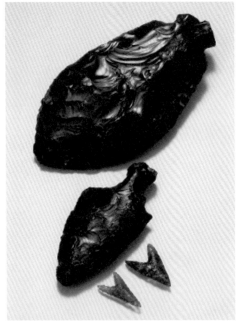

図2　三内丸山遺跡出土の黒曜石石器
（上から赤井川産、白滝産、霧ヶ峰産の石鏃2点。赤井川
産のものは、長さ13.7cm）

図3　三内丸山遺跡出土の石斧
（左：緑色岩　右：青色片岩、左は長さ12.1cm）

であるが、北海道南部と北東北には良質な石材の産地がないことから稀少であった。北東北では縄文時代の初めから前期にかけ、青森県西海岸や秋田県男鹿、岩手県雫石などから産出される黒曜石が少量ながら周辺の遺跡を中心に継続的に利用されている。しかし縄文時代中期になると、こうした在地の石材に混じり、良質な石材が採れる北海道赤井川や白滝など、他の地域文化圏から産出された石材が津軽海峡をこえて北東北にも広く流通するようになる。

　三内丸山遺跡ではこうした北海道産だけでなく、主に日本海側の秋田、山形、新潟などの産地からもたらされた黒曜石が出土している。三内丸山遺跡や北海道福島町館崎遺跡では、長野県霧ヶ峰産黒曜石の石鏃がみつかっており、石鏃の形態から産出地周辺で作成されたものが日本海側を運ばれて持ち込まれたものと考えられている。

（3）石　斧

　木の伐採や加工に欠かせない磨製石斧も、使用に耐える堅さと粘り強さが必要であり、石材の選択が重要である。合地信生や斎藤岳らによれば、縄文時代前期から中期には、北海道額平川産の緑色岩と北海道神居古潭産の青色片岩が、北海道南部と北東北で広く使用され、三内丸山遺跡では石材の6〜7割が額平川の緑色岩で、残りが神居古潭の青色片岩や、青森県下北半島尻屋周辺に分布する花崗閃緑岩など、遠隔地の石材に依存していることが明らかとなっている。さらに縄文時代後期から晩期の北東北では、北海道産石材の使用が著しく減り、地元で産出される安山岩や緑色凝灰岩の使用が増えるという。

（4）ヒスイ

　直接的に生活を支えた石材だけでなく、威信材や身を飾るものとして長い距離を運ばれたものの代表が新潟県糸魚川周辺で産出されるヒスイであろう。縄文時代中期の北海道南部・北東北での出土数は全国的に見ても多く、特に三内丸山遺跡においては、直接原石を入手して玉類に加工し、周辺のムラに分配していた可能性もある。

（5）その他鉱物資源等

　接着剤の役割を果たしたアスファルトは、戦前からの地

下原油層の調査により頁岩層のある北海道や東北の日本海側に多くの油徴が認められているが、遺跡からの出土例では秋田県潟上市豊川や能代市二ツ井駒形産とされる天然アスファルトがある。漆器等に用いられた赤色顔料は青森県今別町の赤根沢に代表される赤鉄鉱を原料としたベンガラが有名で、土器や漆器の赤彩のため、北海道・北東北の各地に流通していたと考えられている。

2　土　器

　三内丸山遺跡では縄文時代前期から中期にかけて使用された円筒土器の研究のため、「円筒土器文化総合研究データベース作成」を実施し、円筒土器が出土した遺跡のデータを集積した。それをみると円筒土器の分布は円筒土器文化の主な範囲である北海道南部・北東北よりも大きく広がり、北は北海道の礼文島から、西は山形県飛島や新潟県佐渡島を越え、石川県の能登半島まで日本海沿岸の広い範囲で出土しているのがわかる。石材の流通と同様、北海道・北東北のこの地域が、日本海を通して日本海沿岸の地域と相互に深く結びついていたことが理解できる。

3　食　料

　縄文時代の食料を明らかにする動植物遺存体は土器や石器と異なり日本の土壌条件下では極めて恵まれた環境でしか残らないが、噴火湾沿いの北黄金貝塚では海獣のオットセイ、陸奥湾に面した三内丸山遺跡ではブリやサバ等の近海産の魚介類にノウサギやムササビ、当時広大な汽水の内海に面した田小屋野貝塚では内水性の魚類であるニゴイやウグイ、ヤマトシジミなどが出土しており、集落の立地環境によって特徴や差異があることがわかる。

（1）川をさかのぼる
　海洋資源の食料が内陸部に運ばれている事例もある。米代川の上流域にある秋田県大館市池内遺跡ではサメ、エイ、ニシン、イワシ、サバ、ブリ、ヒラメ、新井田川の上流域にある青森県八戸市南郷の畑内遺跡ではサメ、カツオ、マグロなど、海産の魚類が出土している。岩木川上流

図4　新潟県糸魚川産のヒスイ製大珠
（三内丸山遺跡、中央上の大珠は高さ5.8cm、幅7.2cm）

図5　土器に納められたアスファルト塊
（山田（2）遺跡）

図6　円筒土器の出土した遺跡
（円筒土器文化総合研究データベースより）

図7　イノシシの下顎骨とイノシシ牙製の装身具（右）（入江貝塚、右のイノシシ牙製装身具は長さ9.09cm）

図8　三内丸山遺跡を中心とした円筒土器文化の交易（青森県教育委員会 2017・2018）

参考文献

青森県教育委員会 2007・2009・2016『特別史跡三内丸山遺跡年報』10・12・19。

青森県教育委員会 2017・2018『三内丸山遺跡44　総括報告書　青森県埋蔵文化財調査報告書第588集』。

合地信生 2006『三内丸山遺跡出土石斧の産地と流通について』特別史跡三内丸山遺跡年報9。

齋藤　岳 2006『三内丸山遺跡の磨製石斧の全体像の解明に向けて』特別史跡三内丸山遺跡年報9。

藤本　強 1994『東は東、西は西—文化の考古学』平凡社。

域にある青森県西目屋村川原平（1）遺跡でもサメやニシン、クボガイが見つかった。クボガイは、青森県西海岸では「シタダメ」「シタンダメ」と呼称され、主に煮たり、だし用にされる3cm程度の小さな巻貝である。このような貝やサメといった、食用には比較的鮮度が必要な水産資源についても海岸から遠く離れた内陸の地域まで運ばれており、河川や陸路が利用されていたことがわかる。

（2）海峡をこえる

　一方、北海道においては食料そのものが移動したことも明らかとなっている。縄文時代前期以降、本州側からクリが持ち込まれ、クリ林が形成されたと考えられている事例や、従来北海道には生息しないことから、もちこまれたと考えられているイノシシの出土例のように、人々が本州から津軽海峡を越えて北海道へ運び、食料や生活を支える資源として管理していたとみられる事例もわかってきた。特にクリの出現以降、北海道では集落数が増加すると考えられている。またベンケイガイの殻を利用した貝輪のように、本州以南で採取・加工されて北海道南部へ運ばれた貝も、生息地が限定されることからここに含めておきたい。

4　支えあうネットワーク

　以上のように北海道・北東北に暮らした縄文の人々の生活は、集落の背景にある資源の獲得と利用に加え、近隣から遠距離に至るまでの交流と交易に支えられていた。特にこの地域で拠点的な集落が隆盛する縄文時代前期から中期にかけては、原産地での原材料生産と、地域を越えた流通経路・方法が安定していたことがうかがえる。日本海を中心に津軽海峡といった海洋とそれに繋がる河川を、いわばハイウェイのように巧みに利用していたことも指摘できる。

　三内丸山遺跡などの拠点的な集落は、資源や加工品の流通と交易を促す大きな存在として、それぞれの地域にある人々の暮らしを支えていたものとも言える。集落が分散・小規模化する縄文時代後期以降、北東北において石斧材料として北海道産石材の使用が減るという事例は、端的にそのことを象徴しているといっても過言ではないだろう。

（神　昌樹）

13. 漆工芸

1　日本の漆工芸は縄文時代からはじまった

　赤や黒などの美しい色つやが私たちを魅了する漆器。日本列島における漆工芸は、古くは縄文時代までさかのぼる。日本海沿岸の福井県鳥浜貝塚から約12,600年前と測定されたウルシの木の一部がみつかっているほか、漆製品では、古いもので約7,200年前と測定された石川県三引遺跡の竪櫛がある。北海道垣ノ島Ｂ遺跡では、約9,000年前と測定された土坑墓から漆糸製品がみつかり、世界最古級のものとして注目されている（図1）。これは葬られた縄文人が身につけていた装飾品で、芯の糸に帯ひもを巻きつけて、その上からきれいな赤色漆を3回重ね塗りした漆糸が用いられている。縄文時代早期の段階でかなり手の込んだ装飾品が作られた可能性があり、漆利用や糸作りの技術がすでに熟練していたのかもしれない。しかし、日本列島における漆利用が具体的にどのようにはじまったのか、実はよくわかってはいない。原生のウルシが日本列島にはなく、中国の揚子江中・上流域や東北部で確認されているため、後期旧石器時代以降に日本列島の外から樹木の「ウルシ」が持ち込まれ、その後に樹液の「漆」を利用する技術や文化が伝来した可能性などが考えられている（工藤ほか2017）。最近では、縄文時代草創期の後半に黄海・東シナ海大平原から日本列島へ到来した移住者たちによって、ウルシがもたらされ、漆利用の技術が列島内に広がっていったとする仮説が唱えられている（鈴木 2020）。

2　縄文人の漆利用は現代とつながっている

　調査研究によって、縄文人の漆利用の様子がかなりわかってきた（図2）。ウルシは風通しや日当たりのよい環境を好み、人がしっかり手入れをしないと大きく育たない。縄文人はたくさんの漆を確保するためにウルシ林を育

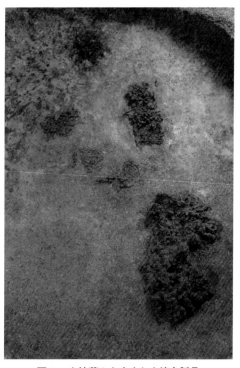

図1　土坑墓から出土した漆糸製品
（函館市垣ノ島Ｂ遺跡）

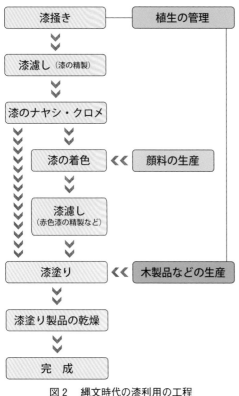

図2　縄文時代の漆利用の工程
（市川編 2015）

図3　是川遺跡の漆要具
（上：漆濾し布、上は長さ10.4cm、下は長さ9cm・下：
漆液容器、高さ12.5cm、幅13.5cm）

ていたと考えられる。ウルシとのかかわりは縄文人に定住を促したのかもしれない。ウルシは虫媒花で花粉が遠くまで飛散しにくいためか、遺跡でみつかることが少ないが、青森県の三内丸山遺跡や是川石器時代遺跡（以下、是川遺跡）でわずかに花粉が検出されており、集落のはずれにウルシ林があったと想定される。

縄文人はウルシに石器で傷をつけて、しみだす樹液を掻きとっていた。掻きとったばかりのごみや水分を含む荒味漆は、塗料にしてもきれいな仕上がりにはならない。現代の漆工芸では、ごみを取り除いて生漆にする「漆濾し」と、生漆をかき混ぜて成分を均質にする「ナヤシ」、加熱して水分を減らす「クロメ」を行い、美しい飴色の素黒目漆に精製する。この漆にベンガラや朱といった顔料を混ぜ合わせることできれいな色漆が得られる。縄文時代でも現代とほとんど同じ手順で漆の精製が行われていた。約3,300年前の晩期の是川遺跡では、漆濾しに使われた編布や、赤色漆の作製に使われた漆液容器など、当時の漆利用を示す様々な工程の漆要具がみつかっている（図3）。現代の漆工芸の基礎ともいえる知識や技術が、すでに縄文時代からあったのである。

3　縄文時代の漆工芸

縄文時代の漆製品は赤色漆で仕上げられたものが多い。赤色は火の色や血の色、太陽の色であり、縄文人は復活再生の象徴として赤色を神聖視していたとみられ、かぶれを引き起こす漆には破邪（魔除け）の意味もあったと考えられている（四柳 2009）。漆は耐水性に優れ、塗ることでモノの耐久度を高めるほか、粘りもあるので接着剤などに使うこともできる。縄文人はこうした塗料や接着剤としての漆の有用性に気づき、ウルシを育てて使うようになった。漆利用の営みの中で、ウルシや漆に対して特別な意味合いを抱くようになってもおかしくはない。

縄文時代の漆工芸は、今から7,000年前の前期には確立していたとみられる（岡村 2010）。赤と黒の漆で文様を描く「漆絵（彩文）」や貝などを漆で接着する「象嵌」、焼き上がった直後の土器に塗る「焼きつけ」などがみられ、縄文時代1万年の中で確認できる漆芸技術が出揃ってい

る。青森県向田（18）遺跡では、削り出して作られた口縁
把手にスガイの貝殻の象嵌痕が残る木胎漆器が出土してお
り、螺鈿技法の先駆けともいわれている（図4）。把手付
きの木胎漆器は、青森県三内丸山遺跡や岩渡小谷遺跡、秋
田県池内遺跡などで破片がみつかっており、円筒土器文化
圏で漆文化も共有されていたことがわかる。中期も三内丸
山遺跡や岩手県御所野遺跡で漆製品や要具、ウルシの木材
や種子が出土しているほか、白神山地東縁の大川添（2）
遺跡や川原平（1）遺跡では、素黒目漆の精製や貯蔵に使
われた漆液容器もみられる。

　後期後半以降、北海道・北東北の漆文化は成熟を迎え
る。北海道カリンバ遺跡では、複数の合葬墓から朱漆塗り
の竪櫛や髪飾り、首飾り、腕輪といった装身具がたくさん
副葬されてみつかった（図5）。精巧なつくりが多く、高
度な漆芸技術がうかがえる。漆製品の副葬は、晩期になる
と海を越えて青森県朝日山（2）遺跡や上尾駮（1）遺跡
でも確認される。北海道野田生1遺跡出土の赤彩注口土器
も興味深い（図6）。器形や文様は主に北東北でみられる
特徴だが、北海道内の辰砂鉱山由来の顔料で着色された朱
漆が塗られている。北海道と北東北の地域が連綿と地域文
化、漆文化を共有していることがわかる。

4　縄文漆工芸の極致―是川遺跡―

　是川遺跡は、成熟した漆文化を伝える縄文時代晩期の遺
跡として知られている。漆要具とともに、編みかごを胎と
する籃胎漆器をはじめ、木胎漆器、飾り太刀、竪櫛や腕輪
などの装身具、陶胎漆器（土器）といった漆工芸の極致と
いえる多彩な製品が出土している（図7）。是川遺跡の漆
製品は3回から5回の重ね塗りが行われ、素黒目漆や、木
炭を混ぜた黒色漆、木屑を混ぜた木屎漆を下地にして赤色
漆を塗るものが多い。装身具では下地塗りの後にベンガラ
漆を塗り、最後に色鮮やかな朱漆を上塗りして見栄えを仕
上げるものもある。樹皮製容器では黒色系漆の下地にベン
ガラ漆で漆絵が描かれている。

　縄文人の漆の赤には、酸化第二鉄によるベンガラと、硫
化水銀による朱の二つの顔料がある。前者は身近でとれる
沼鉄のほか、赤鉄鉱が原材料であり、津軽半島の赤根沢や

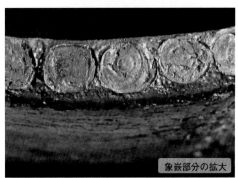

図4　貝殻の象嵌の痕が残る木胎漆器
（野辺地町向田（18）遺跡、高さ22.3cm、幅45.6cm）

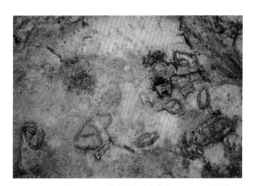

図5　副葬された漆製品（恵庭市カリンバ遺跡）

図6　赤彩注口土器
（八雲町野田生1遺跡、高さ31.4cm、幅23.1cm）

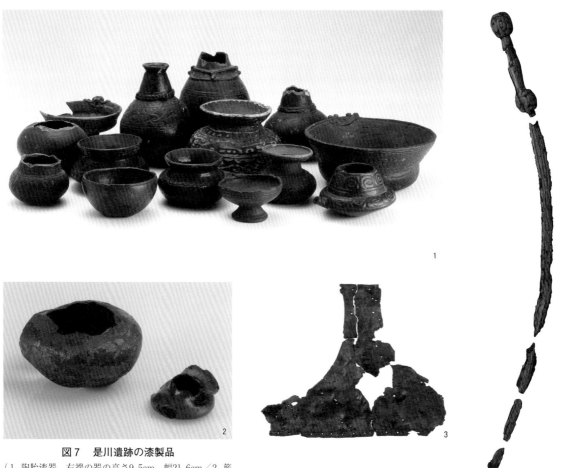

図7　是川遺跡の漆製品
（1. 陶胎漆器　右端の器の高さ9.5cm、幅21.6cm／2. 籃胎漆器　左の器の高さ8.8cm、幅15cm／3. 漆絵樹皮製容器　現存高41.8cm、幅49.4cm／4. 飾り太刀　長さ67cm）

参考文献

岡村道雄 2010年『縄文の漆』ものが語る歴史
　20 同成社。

市川健夫編 2015年『漆と縄文人』八戸市埋蔵
　文化財センター是川縄文館。

工藤雄一郎ほか 2017年『URUSHIふしぎ物語
　―人と漆の12000年史―』国立歴史民俗博物
　館。

鈴木三男 2020年『びっくり!! 縄文植物誌』同
　成社。

四柳嘉章 2009年『漆の文化史』岩波書店。

白神山地東縁に産地があり、供給されたとみられる。後者の原材料である辰砂は、近隣では青森県の碇ヶ関鉱山などがあるが、是川遺跡で使われた朱は近隣の鉱山ではなく、海を越えて北海道の日高・北見地域の鉱山由来のものと推定されている。良質の朱を求めて遠方から入手したのだろうか。北海道・北東北の地域のつながりが、特別な朱漆製品を生んだのである。

　漆工芸は、縄文時代1万年の中でかなり早い段階からはじまり、縄文文化のうつりかわりとともにあり続けてきた。縄文人の定住や自然との共生、文化の成熟、地域のつながりに密接に関わっているのであり、北海道・北東北の縄文遺跡群を語る上で欠かせないキーワードである。

（市川健夫）

第2部
世界遺産になった！縄文遺跡群

1. 史跡大平山元遺跡

大平山元遺跡は、外ヶ浜町字蟹田大平山元に所在する。津軽半島の山間から東側の陸奥湾に流れる蟹田川の左岸の河岸段丘上、標高は25m前後である。その河岸段丘は、南北にひろがり、扇状地を呈しながらも凹凸があって、微高地状の地形上にいくつかの生活の痕跡が残され遺跡群を形成している（図1）。それら遺跡群から出土する遺物によって旧石器時代後半期から縄文時代草創期の石器の変遷を追うことができ、蟹田川の河原にある岩石、良質な石材である珪質頁岩を背景にしている。

1971（昭和46）年、町内の中学生が拾った石器（図2）を契機に青森県立郷土館によって学術調査が実施された。大平山元I遺跡と名付けられ、拾われた石器が神子柴形石斧と考えられたこともあって、想定どおりに土器片が見つかった（図3）。土器片は、縄の文様や貼付帯などがなく無文のものだったが、神子柴・長者久保石器群に土器が伴うことを明らかにした考古学史上、重要な結果を示した調査でもある。さらに、発掘調査中の住民の情報や踏査によって、大平山元II遺跡、大平山元III遺跡と遺跡が発見され、続けて学術調査が行われた。ナイフ形石器やいわゆる有樋尖頭器や舟底形の細石刃核等いくつかの石器群が確認された。また、大平山元II遺跡は、1989（平成元）年に地区会館の建替による発掘調査により、湧別技法による細石刃石器群の接合資料が見つかり、日本列島各地との関係を示す、北日本では他に例がない遺跡となった。

大平山元I遺跡は、その後の1998（平成10）年に住宅建設に伴って、組織された調査団（団長　谷口康浩）が、発掘調査行い、青森県立郷土館と同様に神子柴・長者久保石器群に土器が伴うことを確認、土器に付着していた炭化物の年代測定を実施し、理化学的な数値による裏付けを得た。また、15,500～16,000calBPという較正年代を示し、その年代の認識や土器出現の古さ、時代区分論を提起する等の縄文時代草創期の議論を再燃させる等、学史的な意義も大きく深いものがある。土器とともに石鏃（図4）の使

所在地：青森県東津軽郡外ヶ浜町字蟹田大平
　　　　山元
時　代：縄文時代草創期（約15,000年前）
主な遺構：居住域
主な遺物：土器片、石鏃、石斧、石刃、掻器、
　　　　　彫器、削器、尖頭器等
アクセス：JR津軽線大平駅下車、徒歩10分。

図1　大平山元遺跡南東からの空撮
（中央の白線枠内が大平山元遺跡の整備地点）

図2　中学生が発見した石斧長さ19.3cm 幅8.4cm
　　　厚さ1.7cm

図3　土器片

図4　石鏃
（左の長さは2.76cm、幅1.95cm、厚さ0.77cm）

図5　彫掻削器（マルチナイフ）
（長さ9.28cm 幅3.28cm 厚さ1.25cm）

参考文献

川口　潤　2010「大平山元Ⅰ遺跡」『世界遺産
　　縄文遺跡』同成社。

外ヶ浜町教育委員会　2011『大平山元　旧石器
　　時代から縄文時代への移行を考える遺跡群』
　　外ヶ浜町教育委員会。

谷口康浩編　1999『大平山元Ⅰ遺跡の考古学調
　　査』大平山元Ⅰ遺跡発掘調査団。

谷口康浩　2020「大平山元Ⅰ遺跡」『上黒岩岩陰
　　と縄文時代草創期』雄山閣。

三宅徹也他　1979『大平山元Ⅰ遺跡』青森県立
　　郷土館。

用が開始されるものの、旧石器時代後半期の特徴である石刃と石刃素材の石器（掻器・彫器・削器）を使い、それら刃部をあわせもつ複合的なマルチナイフ（図5）が特徴的である。伝統的な生活の仕方を保ちながら、当時最新の道具である土器と弓矢を使い始め、暮らしが移り変わっていく様相を見ることができる。それら遺物のひろがりから石器製作の場と土器を中心とした居住域を想定し、明確な竪穴スタイルのハウスをもたないものの、定住にむかっていく過程を示しているといえるものである。ここにこの遺跡の魅力と見どころと価値が集約され、ストーリーを語っている。史跡指定を見据えた学術調査により範囲や価値付けが行われ、大平山元Ⅰ遺跡の範囲全てと大平山元Ⅱ遺跡の一部の範囲が、「大平山元遺跡」という名称になって2013（平成25）年に国の史跡として指定された。2020（令和2）年度から大平山元Ⅰ遺跡の範囲を中心とした第1整備事業の現地工事が始まっており、公開準備が進んでいる。居住域と分布状況を表示し、当時の環境をデータに基づいた植栽等を実施し、CG映像等を製作する計画である。

　大平山元Ⅰ遺跡出土資料は、青森市の青森県立郷土館（青森市本町2丁目8の14）と外ヶ浜町大山ふるさと資料館（外ヶ浜町字蟹田大平沢辺34番地3）で見ることができる。なお、青森県立郷土館学術調査出土品と調査団発掘調査出土品一式が、旧石器時代から縄文時代への移行期の様相を示す貴重な一括資料であり、出土した土器片は列島最古段階の土器である点も貴重だとして、2019（平成31）年4月に青森県教育委員会から県重宝（考古資料）の指定を受けている。　　　　　　　　　　　　　　　（駒田　透）

2. 史跡垣ノ島遺跡

垣ノ島遺跡は、函館市の中心部からおよそ30km北東にある太平洋岸に面した南茅部地域（旧南茅部町）のほぼ中心部、標高32～50mの海岸段丘上に所在する。遺跡は北東—南西に500m、北西—南東に約200mの舌状台地上に形成され、浅い湾の奥にあたる立地で、近くには良好な漁場を抱いている。

本遺跡は1979（昭和54）年頃には埋蔵文化財包蔵地に登録されていたが、2000（平成12）年から2003（平成15）年度にかけて国道278号バイパスの建設に伴う発掘調査で、縄文時代早期から後期の遺跡であることが判明した。早期の足形付土版や後期の漆塗り注口土器をはじめ重要な調査成果が得られ、2003（平成15）年度からの確認調査では、現在も当時の地形として残されている大規模な盛土遺構の存在を確認した。その後、縄文時代早期前半から後期後半におよぶ集落跡の変遷が確認され、長期間におよぶ定住を示す重要な遺跡であるとして、2011（平成23）年2月には国史跡に指定された。

時期毎に見てみると、縄文時代早期前半に台地中央付近に小規模な集落が形成されており、同じ時期には、垣ノ島川を挟んだ垣ノ島B遺跡の土坑墓から世界最古の漆製品が出土している。早期後半になると、縄文海進期に相当する竪穴建物跡から多くの石錘がまとまって出土し、漁労が主要な生業と考えられる。集落から離れた山地に向かう緩斜面には墓域が形成され、合葬墓とみられる大型の土坑墓を中心に複数の墓から副葬された17点の足形付土版がまとまって出土している。このように居住域と墓域が分離し、日常と非日常の空間区分が明確にされ、子どもの生命への強い思いが感じられる独特な墓制の成立がうかがえる。なお、この時期は墓域の規模やあり方から大規模な集落が形成されていたと推察される。

前期前半には、北西に約26km離れた駒ヶ岳の大噴火で、多量の火山灰が降下したため、亀田半島東岸域は一時的に人の痕跡が途絶えるが、垣ノ島遺跡では前期後半の円

所在地：北海道函館市
時　代：縄文時代早期前半から後期後半（約9,000～3,000年前）
主な遺構：盛土遺構・竪穴建物跡・配石遺構
主な遺物：青竜刀形石器・漆塗り注口土器・足形付土版
アクセス：JR函館駅から函館バスで約90分＋バス停「垣ノ島遺跡下」から徒歩約5分、同　車で約60分

図1　盛土遺構全景（北から）

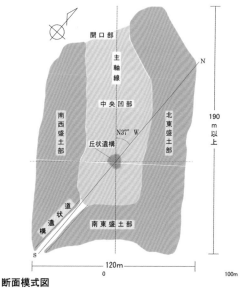

図2　盛土遺構断面図

図3　足形付土版（約7,000年前　右長さ14.8cm）

図4　青竜刀形石器（約4,000年前）

図5　漆塗り注口土器（約3,000年前　高さ12cm）

参考文献
函館市教育委員会『史跡垣ノ島遺跡』

筒下層式期に再び集落が形成され、台地縁辺部の斜面を中心にのちの盛土遺構の嚆矢となる数カ所の遺物の廃棄場が設けられる。

中期になると前期の集落を基盤としてさらに多くの竪穴建物跡や土坑など多くの遺構が造られるとともに、南西部、北東部、南東部に直線的な土堤状に大規模化した盛土遺構の構築が本格化する。特に中期後半には盛土に囲まれた中央部（中央凹部）を大きく削平しながら、「丘状遺構」と名付けた約10m四方の小規模なマウンドが削り残され、ここに配石遺構や土坑墓、石棒や青竜刀形石器などの祭祀・儀礼に関連する遺構・遺物を遺すことから、盛土遺構全体の中で重要な地点と考えられる。

後期初頭には盛土遺構は最大化し、長さ190m以上、幅120m、中央凹部からの高さが2mを超える「コ」の字形の大規模な遺構となり、終焉を迎えると考えられる。一方、中期後半から後期初頭には盛土接合地点に、南北に延びる直線状の窪みが造られる。意図的に削平され踏み締められた痕跡から、盛土遺構の内外を繋ぐ「道状遺構」と捉えている。こうした大規模な盛土遺構は集落に伴い、多量の遺物などを送るための祭祀・儀礼の場と考えられるが、特筆すべきものとして、表採を含む70点以上の青竜刀形石器が出土している。

後期前半には、約40m×20mの規模で地面を削平して小規模な配石遺構や列石状の遺構を配置した配石遺構群が造られる。全体像は明らかではないが、土坑墓やヒスイ製垂飾品が出土することから、盛土遺構に代わる祭祀場と考えられる。

後期後半になると、配石遺構群を挟んで南北にそれぞれ竪穴建物群が造られている。直径10m近い大型の竪穴の多くからは、床面や壁面付近から漆塗り注口土器や香炉形土器などの非日常的な土器や製品類などが多く出土し、祭祀・儀礼に伴い使用されたと推察される。有終の美を飾るかのように華麗な出土品たちはこの台地に約6,000年間の足跡を残した縄文人の息吹を感じさせるものである。

（福田裕二）

世界遺産になった！
縄文
遺跡

3. 史跡北黄金貝塚

北黄金貝塚（図1）は、北海道南西部の噴火湾（内浦湾）に面した二つの舌状台地にまたがる縄文時代前期から中期（約7,000～4,500年前）にかけての集落遺跡である。これまでの発掘調査によって、5カ所の貝塚や竪穴住居跡、墓、盛土遺構、水場遺構などが発見されている（図2）。

噴火湾の北東岸は北海道内有数の貝塚集中地域であり、その中でも最大級の規模を誇るのが北黄金貝塚である。また、5カ所の貝塚の中から出土する動物種や貝塚が形成された位置の変遷が、後氷期の温暖化とそこからの冷涼化という気候変動及び海岸線の移動を反映していることが明らかにされており、そうした環境の変化に適応した人々の営みを知ることができるのも本遺跡の特徴である。

北黄金貝塚で最も古い縄文時代前期前葉（約6,300年前）に形成されたB地点貝塚からは、現在では東北沿岸を生息域の北限とするハマグリが多数出土している。このことから、貝塚が形成された時期が今よりも温暖であり、それに伴って、海水面も高く台地の裾近くまで海が迫っていたことがわかる。

次いで前期中葉（約6,000～5,500年前）に形成されたC地点貝塚は、下層がハマグリ主体で、上層はマガキ・アサリ・ウニ主体となり、この貝塚が形成され始めた頃はハマグリが棲息できる程度に温暖だった気候が徐々に冷涼化していったことを示している。また、それに伴って海岸線も次第に後退していったと考えられる。

残りの3カ所の貝塚（A地点貝塚・A'地点貝塚・南斜面貝塚）は、前期後葉（約5,500年前）に形成された。貝層の主体はマガキとウニで、その他にオットセイの骨も多く出土している。オットセイは雌と幼獣が大半を占め、越冬のためにより北方の海から噴火湾へ移動してきた個体を捕獲していたと考えられる。これらのことから、3カ所の貝塚は現在と同じような冷涼な気候になってから形成されたことがわかる。これらの貝塚は退いていった海を追いか

■所在地：北海道伊達市北黄金町75
■時　代：縄文時代前期から中期（約7,000～4,500年前）
■主な遺構：5カ所の貝塚、墓、水場遺構
■主な遺物：鯨骨製骨刀、鹿角・鯨骨製匙型製品、骨角器、すり石、石皿
■アクセス：JR伊達紋別駅からバス約20分「北黄金貝塚公園前」バス停下車、徒歩5分。または、JR黄金駅からバス約3分「北黄金貝塚公園前」バス停下車、徒歩5分。

図1　北黄金貝塚（上坂台地）全景

図2　北黄金貝塚史跡公園内の復元住居

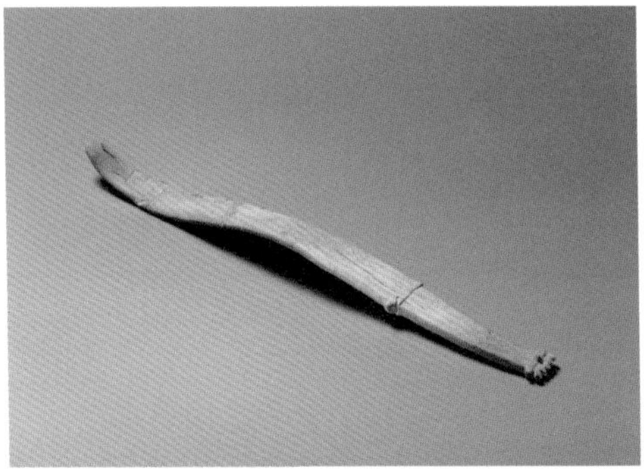

図3　A'地点貝塚出土鯨骨製骨刀
（長さ33.4cm、幅2.8cm、厚さ0.7cm。火を使った儀礼によるものか、被熱で湾曲している）

図4　A'地点貝塚と墓
（貝塚と墓が同じ地点につくられたことがわかる）

図5　水場の祭祀場
（史跡公園で露出展示されており、実物を見学できる）

参考文献
青野友哉 2014『北の自然を生きた縄文人・北
　黄金貝塚』新泉社。

けるように台地の先端部分に形成されている。

　北黄金貝塚の人々は、こうした環境の変化に対して、狩猟の対象や方法を変えたり、それに適した道具を作りだしたりすることによって適応し、この地での定住生活を続けたのである。

　もう一つ、北黄金貝塚で注目されるのは、当時の精神文化を知ることができる点である。

　2012年に実施したC地点貝塚の発掘調査では、貝層の最下部から、角が付いたシカの頭骨を大型の土器片で上下から挟み、その周りを拳大の円礫で囲んでベンガラを撒いた動物儀礼の痕跡が確認されている。また、A'地点貝塚からは、鯨骨製の骨刀（図3）や鹿角・鯨製匙型製品などの儀礼に用いられたと考えられる道具が出土しているほか、貝層の中や下からヒトの墓も見つかっている（図4）。このように、縄文時代の貝塚が儀礼場的・墓地的な性格を有していたことを明瞭に示すのが北黄金貝塚なのである。

　北黄金貝塚ではさらに、水場で礫石器の廃棄に伴う儀式を行ったと考えられる遺構も見つかっている（図5）。「水場の祭祀場」と呼ばれるもので、約200m²の調査区の中から1,209点もの「すり石」や「石皿」が出土している。すり石は大半が壊れており、中には故意に破壊されたものも含まれている。また、石皿は使用面を地に伏せた状態で出土した。これらに、底を打ち抜いた土器や刻線を付けた円礫が伴う。こうしたことから、礫石器が壊れたり役目を終えたりした時には湧水点の近くに集めて供養するといった、アイヌ文化の「物送り」に通じるような儀式が行われていたと考えられている。

　北黄金貝塚では、遺跡全体の数％しか調査されておらず、残りは地中で保存されている。そのため正確な数は不明であるが、同時に建っていた住居の数は最大でも5軒程度だったと推測されている。道内有数の大規模貝塚や水場の祭祀場は、小さなムラの住人たちの日々の営みの跡だった。そうした見方をしてみると、縄文文化の奥深さをより感じられるのではないかと思う。　　　　（永谷幸人）

4. 史跡田小屋野貝塚

田小屋野貝塚は日本海側に数少ない、貝塚を伴う縄文時代の集落遺跡である。津軽半島の日本海沿いに延びる屏風山砂丘地の東縁部に所在し、標高10〜15mの台地平坦面から斜面地上に立地する。現在、遺跡東側には広大な津軽平野を望むことができるが、約7,000年前をピークとする縄文海進により、平野部には古十三湖と呼ばれる内湾が広がっていた。

田小屋野貝塚は1896（明治29）年、東京帝国大学の佐藤傳蔵により亀ヶ岡遺跡とともに発掘調査が行なわれ、ローム層中から多量の土器片が出土したことが報告された。その後、東京帝国大学や東北帝国大学の研究者による踏査や小規模発掘を経て、ヤマトシジミの貝層を伴う円筒土器文化期の遺跡であることが明らかになる。1944（昭和19）年には、低地を挟んで隣接する亀ヶ岡石器時代遺跡とともに史跡指定を受けている。

史跡指定後の長い未調査期間を経て、1990・91（平成2・3）年には青森県立郷土館による発掘調査が行なわれ、縄文時代前期中葉の竪穴建物跡が1軒確認された（青森県立郷土館 1995）。この建物跡内にはヤマトシジミを主体とする貝層が堆積しており、貝層中より多数の土器、石器、骨角器、貝製品、動物遺存体が出土した。2008〜15（平成20〜27）年にはつがる市教育委員会により台地の広範囲を対象とした調査が行なわれ、多数の竪穴建物跡のほか、墓、貯蔵穴、貝層、盛土遺構が確認された（つがる市教育委員会 2016）。

田小屋野貝塚は縄文時代前期中葉〜中期末葉にかけて約2,000年間継続した集落遺跡である。集落の広がりは年代を追って変遷し、前期中葉〜中期中葉頃は台地東端部を中心とするが、中期後葉〜末葉にはより西側に移動する。最も規模が拡大した前期中葉〜末葉頃には、居住域・墓域・貯蔵域・貝塚・盛土遺構が計画的に配置される集落が広がっていた。

墓域を構成する土坑墓はこれまでに計3基確認された。

☑所在地	青森県つがる市木造館岡田小屋野
☑時　代	縄文時代前期中葉〜中期末葉（約6,000〜4,000年前）
☑主な遺構	竪穴建物跡、土坑墓、フラスコ状土坑、埋設土器、貝塚、盛土遺構（縄文時代前期）
☑主な遺物	円筒下層式土器、石槍、半円状扁平打製石器、石錘、骨製刺突具・釣針・針、クジラ骨製へら、イルカ牙製垂飾品、ベンケイガイ製貝輪、埋葬人骨
☑アクセス	JR五能線五所川原駅より弘南バス「田小屋野」バス停下車。

図1　田小屋野貝塚の遠景（南東から、白線は史跡指定範囲）

図2　竪穴建物跡に堆積したヤマトシジミの貝層

図3　土坑墓から出土した埋葬人骨（前期）

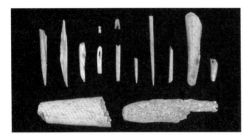

**図4　陸獣骨や鳥骨製の刺突具・釣針・針など
（上段）、クジラ骨製のへら（下段）**
（前期、右下の長さ10.1cm）

図5　ベンケイガイ製貝輪とその未加工品
（前期、左上の幅7.3cm）

**図6　竪穴建物跡から出土したオニグルミ（左）
とクリ（右）**

そのうちの1基はヤマトシジミの貝層に覆われ、その下から屈葬状態の人骨1体分が出土した。骨盤に残された痕跡から、妊娠・出産を経た成人女性と推定されている。

貝塚は遺跡内に点在し、使われなくなった竪穴建物跡地などに形成される。貝塚を構成する貝の多くがヤマトシジミであり、遺跡東側に広がっていた古十三湖の汽水域から採集された可能性が高い。

出土遺物は円筒下層式土器、石鏃、石槍、石匙、半円状扁平打製石器、石錘のほか、陸獣骨・鳥骨を素材とした刺突具や釣針、クジラ骨製のへら等の骨角器がある。特に注目されるのが多数のベンケイガイ製の貝輪であり、出土した60点全てが未成品あるいは加工途中で破損した失敗品と考えられている。

貝層から出土した動物骨は各種にわたり、魚類ではコイ科・ハゼ科・サバ属など、鳥類ではアホウドリ・オオハクチョウ・カモ類など、哺乳類ではトド・アシカ・イルカ類・クジラ類等の海獣およびノウサギ・キツネ等の小型陸獣が出土している。植物遺存体ではオニグルミやクリが出土している。出土人骨のコラーゲンから採取した炭素・窒素同位体比の分析結果から、堅果類、海産物、淡水魚などの摂取が推定されており、貝塚出土の多様な動植物は田小屋野貝塚に暮らす縄文人の食料であったと考えられる。

田小屋野貝塚から出土するベンケイガイ製の貝輪がその生息地外とされる北海道から出土すること、さらに北海道産と推定される黒曜石が田小屋野貝塚で出土することから、津軽海峡を越えた縄文人の交流・交易が推定される。

古十三湖の拡大により、日本海と内湾に挟まれた台地上に集落を営んだ田小屋野貝塚の人々は、遺跡周辺に広がる落葉広葉樹林・内水面・沿海などの多様な生態系から食料資源や道具の素材を入手しつつ、各種の生活用具とともにベンケイガイ製貝輪などの交易品を製作していた様子がうかがわれる。　　　　　　　　　（羽石智治）

参考文献

青森県立郷土館 1995『木造町田小屋野貝塚』
　青森県立郷土館調査報告第35集・考古-10。
つがる市教育委員会 2016『田小屋野貝塚総括
　報告書』つがる市遺跡調査報告書9。

5. 史跡二ツ森貝塚

青森県東部、太平洋岸に位置する小川原湖から約3.5km西方に位置し、赤川と二ツ森川に挟まれた平均幅約1.5km、標高約30〜33m の台地上に立地する。台地の両側は緩斜面で、周囲は低平な沖積地が広がる。

二ツ森貝塚の存在が1887（明治20）年に元会津藩士の広沢安任によって『東京人類学会雑誌』に報告されて以降、複数の研究者により調査が行われてきた。1939（昭和14）年には遺跡から出土した土器が「榎林式」として東北地方北部の縄文時代中期後葉の標式とされた。その後も青森県教育委員会や旧天間林村（2005年に七戸町と合併）教育委員会などの調査を経て平成3年に県史跡に、平成10年には現在の史跡公園の範囲が国史跡に指定された。平成27年には遺跡の西側や北側の一部が国史跡に追加指定となり、史跡範囲約11万 m²、遺跡全体の範囲は約35万 m²に及ぶ。

本遺跡は縄文時代前期中葉〜中期後葉の貝塚を伴う集落遺跡である。約7,000年前にピークを迎えた地球規模の温暖化現象である縄文海進の影響で、小川原湖では海水が内陸に広がり湾が形成された（古小川原湾）。湾には貝類の育ちやすい干潟が生まれ、縄文時代早期から中期にかけて多くの貝塚がつくられており、本遺跡は湾の最奥部に形成された貝塚である。これまでの調査から竪穴住居跡、土坑墓、貯蔵穴（フラスコ状土坑）、道路状遺構、捨場などの遺構が発見されており、貝塚は縄文時代前期後葉〜中期後葉のものが15カ所確認されている。

貝塚からはヤマトシジミ・ハマグリ・マガキといった、干潟などの内湾砂泥底に生息する貝類の堆積が多く、魚類はボラ・スズキ・カサゴ・フグ・マダイなど河口から沿岸に生息する種が中心に見受けられる。イルカ・クジラ・アシカやシカ・イノシシ・ノウサギ・ムササビ・タヌキなどのほ乳類や、カモ・ハクチョウなどの鳥類も発見されており、海産物豊富な干潟と、狩猟場となる森が広がっていたことが考えられる。また縄文時代前期の貝塚では鹹水性の貝類が主体であるのに対し、中期の貝塚では主に汽水性の

所在地：青森県上北郡七戸町字貝塚家ノ前
時　代：縄文時代前期中葉〜中期後葉（約
　　　　5,500〜4,000年前）
主な遺構：貝塚・竪穴住居跡・土坑墓・捨場
主な遺物：骨角器・土器（榎林式）・石器・
　　　　　自然遺物（貝類・獣骨）
アクセス：JR 七戸十和田駅より車で15分

図1　上空から見た二ツ森貝塚（東側から）

図2　東第Ⅱ号貝塚断面（前期・中期）

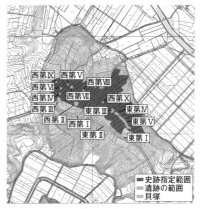

図3　史跡・遺跡範囲

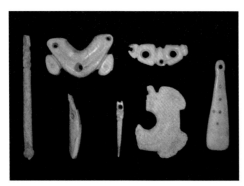

図 4　榎林式の人面付き土器
（中期、高さ29cm、口径27cm）

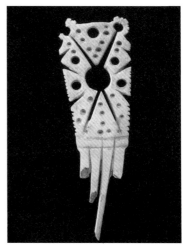

図 5　鹿角製櫛 （平成25年県重宝指定）
（前期、最大長11.3cm）

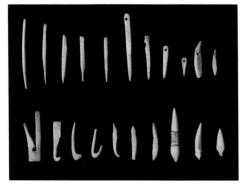

図 6　骨角器（装身具）
（前期〜中期、大きさ4.9〜10.7cm）

図 7　骨角器（釣針・銛頭等）
（前期〜中期、大きさ 3 〜10.7cm）

参考文献
七戸町教育委員会 2007 『二ツ森貝塚—範囲確
認調査報告書—』。

ヤマトシジミで構成されているのが特徴である。堆積して
いる貝類の移り変わりから、縄文時代前期から中期にかけ
て干潟環境が汽水化するなど、遺跡周辺を取り巻く環境が
徐々に変化したものと考えられる。

　出土遺物は石器（石鏃・石槍）や骨角器（釣針・銛頭）
など当時の狩猟・漁労など生業に関わるものをはじめ、土
器は縄文時代前期中葉の円筒下層式土器から中葉（後半）
の円筒上層式土器、中期後葉の榎林式土器が出土してい
る。また、石鏃の先端が刺さったシカの上腕骨が出土して
おり、本遺跡でどのような狩猟が行われていたのか、具体
的な様子を示す貴重な資料である。装身具では土製・石
製・貝殻を使用した垂飾品や耳飾り、平成25年に県重宝に
指定された鹿角製櫛など出土している。石棒や土偶、岩
偶、鯨骨製青竜刀形骨器や赤彩土器など祭祀関係の遺物、
北海道産の緑色岩を使用した石斧や、北海道、青森県、秋
田県が産地の黒曜石製品、秋田県産のアスファルト、岩手
県産のコハク、新潟県糸魚川産のヒスイなどが出土してお
り、他地域との交流があったことがわかる。

　本遺跡は、竪穴住居跡や貯蔵穴、土坑墓などの遺構から
当時の集落構造を、貝塚出土の資料は遺跡周囲の自然環境
や人々の生業・生活の様子を示している。また骨角製装飾
品をはじめ多彩な出土遺物から、成熟した精神文化を築き
上げていたことがわかる重要な遺跡である。　　（小林由夏）

世界遺産になった！
縄文
遺跡

6. 特別史跡三内丸山遺跡

三内丸山遺跡は、青森市の西部、JR 新青森駅の南方約2 km の青森市大字三内字丸山に所在する。標高は約20m で、八甲田山系から続く丘陵の先端、北側を流れる沖館川の河岸段丘上に立地する。台地全体に広がる遺跡のうち、約25ha が特別史跡に指定されている。

この場所から遺物が出土することは江戸時代から知られ、紀行家の菅江真澄は、年代が推定できる詳細な土器や土偶の破片のスケッチを残している（「栖家乃山」1799年）。その後、明治から昭和にかけて、遺物の収集が行われるとともに、学会誌で紹介されている。

初めて発掘調査が行われたのは1953（昭和28）年である。地元の医師成田彦栄と慶應義塾大学の清水潤三による調査は、1958（昭和33）年まで4次にわたり実施された。最終年度には竪穴建物跡が調査されているが、このときの竪穴建物跡と考えられるものが、1994（平成6）年度の調査で確認されている。その後、1967（昭和42）年に青森市教育委員会が遺跡北側の調査、1976（昭和51）年には青森県教育委員会が遺跡南側の調査を行い、縄文時代中期の二列に並ぶ大人用の墓56基を検出し、墓制のあり方を考える資料として注目された。また、1977（昭和52）年の県教育委員会の近野遺跡（現在は三内丸山遺跡に統合されている）の調査では、県内で初めて検出された大型竪穴建物跡等が保存され、埋め戻し後、遺構表示等の整備が行われた。1987（昭和62）年には市教育委員会が遺跡南側の調査を行い、中期の竪穴建物跡等を検出している。

1992（平成4）年からは、隣接する県総合運動公園拡張事業の一つである新しい県営野球場建設工事に先立つ発掘調査が行われた。約5ha の調査区全体で大量の遺構や遺物の検出が相次ぎ、1,500年以上続いた大規模な集落跡であることが明らかとなった。青森県は1994（平成6）年8月に当初の計画を変更し，野球場建設の中止、遺跡の保存と活用を決定した。1995（平成7）年度からは、遺跡公園として整備、公開され、これまでの見学者は、年平均30万

所在地：青森県青森市大字三内字丸山
時　代：縄文時代前期中葉～中期末葉（約5,900～4,200年前）
主な遺構：大型竪穴建物・大型掘立柱建物・土坑墓・環状配石墓・盛土
主な遺物：土器・土偶・石器、動植物遺体
アクセス：JR 新青森駅から車で10分、ねぶたん号（シャトル・ルートバス）で15分、「三内丸山遺跡前」下車。
・JR 青森駅から市営バス「P51三内丸山遺跡」で40分、「三内丸山遺跡前」下車。
・青森空港から車で30分。
・東北縦貫自動車道青森 IC から5分。

図1　三内丸山遺跡北地区の現況

図2　立体表示された大型掘立柱建物と大型竪穴建物

図 3　南盛土の断面（中期）

図 4　北盛土の調査状況（中期）

図 5　環状配石墓の調査状況（中期）

人を超え、教科書に掲載されている、日本を代表する縄文遺跡となった。1997（平成 9）年には史跡に、2000（平成12）年には特別史跡に指定され、出土品の一部は2002（平成14）年に重要文化財に指定されている。

　1995（平成 7）年以降は、保存目的の発掘調査が行われた。県教育委員会では、1997（平成 9）年に発掘調査委員会を設置し、委員会での検討と文化庁の指導を受け、1998（平成10）年に「三内丸山遺跡発掘調査計画」を策定し、以後はこの計画に基づいて調査を行っている。計画の期間は概ね10年で、現在は第三期計画の途中である。また、2017（平成29）年・2018（平成30）年には、発掘調査委員会による検討と文化庁の指導の下、これまでの県教育委員会及び市教育委員会による調査報告等をまとめた総括報告書を刊行した。

　総括報告書では、集落の変遷を 6 期に区分している。始まりは前期中頃で、段丘の北側に竪穴建物・大型竪穴建物・土坑墓（大人の墓）、埋設土器（子どもの墓）・貯蔵穴・捨て場などがつくられた。前期の集落は中期の盛り土に覆われているため、不明な点が多いが、北の谷と沖館川に面した斜面は、低湿地となっていたため、大量の土器や石器のほか、大量の動植物遺体、骨角器や木製品、ヒノキ科の樹皮を使った編籠（縄文ポシェット）や編布の破片が出土している。また、北ノ谷からは、南北に延びる道路跡と土留め用の杭列が検出された。集落への出入りに使われていたと考えられる。

　前期後半には、集落の規模が拡大し、前期の終わりには、北の谷をはさんで西側に住居域、東側に墓域が形成された。この土地利用の原則は最後まで維持された。北盛土・南盛土・西盛土も作られ始めた。

　中期の前半には竪穴建物跡・大型竪穴建物跡・土坑墓・埋設土器・貯蔵穴・掘立柱建物跡・大型掘立柱建物跡・盛土が、北側の段丘全体に作られた。大人用の土坑墓は北の谷の東側に二列が向かい合うように並び、その間に道路が作られた。盛土も継続して作られている。

　中期中頃は、集落が最も拡大する時期で、南側にも大きく広がった。竪穴建物跡・大型竪穴建物跡・土坑墓・埋設土器・貯蔵穴・掘立柱建物跡・大型掘立柱建物跡・盛土、道路跡、粘土採掘坑が作られた。竪穴建物跡は谷の西側と

図6　編籠（縄文ポシェット　重要文化財、前期、高さ16cm）

図7　ミニチュア土器（中期、高さ1.2cm から6.9cm）

図8　装身具（前期・中期、長さ2.2cm から5.3cm）

南斜面を中心に段丘全体に広がるが、規模は小型化する。大型竪穴建物は長さ30m を超えるものが、集落の中央部に作られた。北の谷の東側に並ぶ土坑墓列は、この時期までに420m 以上続く規模となったと考えられる。また、土坑墓の周囲を礫で囲んだ環状配石墓が現れた。掘立柱建物は、段丘中央部にと南盛土の南西側に作られた。大型掘立柱建物も北盛土の北西側に前期の終わりから引き続き作られ、大型化している。

　中期後半は竪穴建物・大型竪穴建物・土坑墓・埋設土器・貯蔵穴・掘立柱建物などが作られた。現在、立体表示が行われている大型掘立柱建物と大型竪穴建物はこの時期の建物である。埋設土器の数は減り、盛土はこの時期が最後となる。

　中期の終わりには、集落も縮小し、竪穴建物と土坑が確認されるだけとなる。

　三内丸山遺跡では、集落が拡大する中期になると、他地域との交流・交易を示すヒスイや黒曜石などの出土量が増加するとともに、盛土からは土偶やミニチュア土器、各種

図9　黒曜石製石器（前期・中期、長さ1.5cm から7.9cm）

図10　土偶と岩偶
（前期・中期、長さ6.8cmから21.6cm）

図11　前期の土器（重要文化財、高さ40cm）

図12　中期の土器（重要文化財、高さ53cm）

の装身具など、祭祀に関係すると考えられる出土品の数も飛躍的に増加するため、人と物が集まる、地域を代表する中心的なムラとなったと考えられる。

　毎年、実施している発掘調査では、現場を公開して実施している。一日に一度は、調査担当職員がその日の調査について説明する現場ガイドも行っている。また、9月下旬のJOMONの日（秋祭り）の際に現地説明会を実施するほか、3月にはその年の発掘調査の速報展を開催し、出土品等の展示を行い、遺跡報告会でも発表を行っている。

　1996（平成8）年から、特別県研究推進事業として、三内丸山遺跡や縄文文化に関する研究テーマを設定し、公募を行い、審査の結果採択されたものに研究委託を行ってきた。また、三内丸山遺跡センター（旧三内丸山遺跡保存活用推進室）が中心となって実施した「円筒土器文化総合研究データベース作成」では、基礎的な情報収集と整理を行い、成果はホームページや年報（現在は研究紀要）で紹介している。その後は、円筒土器文化における集落の実態をさぐる研究に取り組んでいる。

　2019（令和1）年4月に、三内丸山遺跡と縄文時遊館をあわせた三内丸山遺跡センターがオープンし、ほかの遺跡の重要文化財等を展示する特別展の開催も始まり、亀ヶ岡遺跡から出土した遮光器土偶（重要文化財）が15年ぶりに県内で展示された。また、見るだけではなく、本物の出土品に触れる機会も提供しており、土器や石器、土偶のほかにヒスイの大珠を手のひらに載せ、重さや質感を感じてもらう試みも行った。

　遺構等の展示については、2020（令和2）年3月に策定された整備計画に基づき、少しずつ新たな姿を見せていく予定である。　　　　　　　　　　　　　　　（中村美杉）

参考文献

青森県教育庁文化財保護課　2017・2018『三内丸山遺跡44』青森県埋蔵文化財調査報告書588。

7. 史跡大船遺跡

本遺跡の所在する函館市南茅部地域は、北海道渡島半島の南東部に張り出す亀田半島の北東部に位置する。前面はマグロやスケソウタラなど水産資源豊富な太平洋に面し、背後にはミズナラやブナなど落葉広葉樹林の繁る亀田山塊が控えている（図1）。平地面積は極めて少なく、標高30～50mの段丘崖が海岸線まで迫り、その段丘を解析して大小多数の河川が太平洋に流入している。

本遺跡は大船川左岸の標高40～50mの海岸段丘に位置している。この大船川は魚影の濃い川であり、秋にはサケ、春にはサクラマスが遡上する。また、現在は戦後に進められた杉の植林地に替わっているが、後背地は「栗の木山」と呼称されているとおり、元来はクリの自然木が多い山であったことが聞き取り調査等でわかっている。さらに、地形的には山麓緩斜面から海岸段丘への変換部にあるため、エゾシカの出没が現在も多い地域でもある。

こうした周辺環境は縄文時代も大きく変わることがないと想定すると、水産資源、森林資源、動物資源にも恵まれた立地環境にあったことが容易に推測できる。

1996（平成8）年に南茅部町（現函館市）が町営墓地の整備に伴い、面積約4000m²について発掘調査を実施したところ（図2）、縄文時代前期末から中期（紀元前3,500～紀元前2,000年）の集落跡であることがわかった。

翌年から2001（平成13）年まで遺跡の範囲内容確認調査を実施し、その結果、当時の生活や生業を知るうえで重要な遺跡であるとして、面積約72,000m²が同年8月に史跡に指定された。

遺跡の主体となるのは中期後半（榎林式～大安在B式・ノダップⅡ式）である。集落はこの時に最も拡張し、居住施設、墓、廃棄に伴う祭祀場（盛土遺構）、食料の貯蔵穴などの要素が整った拠点的な集落となる。

居住域は大船川寄りの台地縁辺に沿って伸びている。居住施設である竪穴建物跡は楕円形もしくは卵形を呈した定型的でかつ大型のものが多く、深さ2m、長径10mを超え

所在地：北海道函館市大船町60番他
時　代：縄文時代前期末～中期末（約5,500～4,000年前）
主な遺構：大型の竪穴建物跡
主な遺物：マグロやクジラの骨
アクセス：JR函館駅より函館バスで鹿部・古部行きに乗り、大船小学校前下車。徒歩10分。

図1　南茅部地域の景観

図2　竪穴建物跡と盛土遺構

図3　重複して発掘された竪穴建物跡

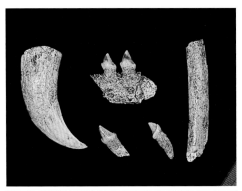

図4　出土した動物・植物遺体
（上：オットセイの牙、中：マグロの背骨、下：クリ果実）

図5　整備後の大船遺跡

る住居もあるなど居住施設を構築する技術の発達も見られる。墓は居住域の山側に配置されており、なかには副葬された個体土器の下から乳歯が検出されたものもあるが、墓自体の数は居住施設に比べて少ない。盛土遺構は居住域の北西側に細長く伸びている。その規模は幅約10m、長さ約80m、厚さ約0.8mで、石皿や土器片など当時の道具類が大量に廃棄されているほか、動・植物遺体もわずかに見られる。貯蔵穴は盛土遺構の北西側に確認されているが、定型的なフラスコ状ではなく、壁が内湾する不定形のものが多い。

　これまでの調査によって、約4,000m²のなかに100軒を越える竪穴建物跡が重複して確認されており（図3）、遺跡の広がりから遺跡全体では800軒に及ぶ、土器型式を考慮すると同時期に10数軒が存在したものと考えられる。これは、長期間にわたってこの台地が利用されていたことを物語っている。

　長期間の集落存続が可能になった背景には、大型の居住施設というハード面の発達だけでなく、集落構成員が生存できるだけの食糧の確保、食料の加工や貯蔵、さらには食料残滓や道具類の廃棄というシステムが整っていたことが考えられる。食料残滓と思われる動・植物遺体は主に廃棄後の竪穴状遺構の凹みを利用しており、シカ・クジラ等のほ乳類、クリ・ドングリ等の堅果類、マグロ・タラ等の魚類、マガキ・ムラサキインコ等の貝類が検出されている（図4）。土器付着の炭化物の炭素・窒素安定同位体分析の結果、海洋性魚類に偏りがあった。

　こうした集落が長期間にわたって存続できた仕組みや背景を明らかにするため、今後も動植物遺体の調査や炭素・窒素安定同位体等による各種分析をはじめ、集落内でどのような人間の活動が行われていたかというミドル・レンジの視点によるアプローチを進める必要がある。

　現在、本遺跡は竪穴状遺構や盛土遺構が復元され（図5）、夏期には多くの見学者が訪れている。　　（阿部千春）

8. 史跡御所野遺跡

御所野遺跡は、岩手県の内陸北部の一戸町に所在し、八戸湾へ向かって北流する馬淵川に注ぐ二つの支流（地切川と根反川）に挟まれた東西に細長い河岸段丘上に立地する（図1）。遺跡の南側を流れる根反川の川沿いには、珪化木が多く露出しており、国の天然記念物に指定されている地帯となっている。

1989（平成元）年から2012（平成24）年まで継続して行われた発掘調査によって、東西約500m、南北約120mの細長い段丘上のほぼ全面に集落の跡が広がっていることが確認されている。遺跡の中央付近には、縄文時代中期の終わり頃のものと考えられている配石遺構の広がりが確認されており、この配石遺構は二つのサークル状を呈する。東側の配石遺構の周りからは掘立柱建物を構成すると考えられる多くの柱穴が検出されている。これらの遺構の下からは、中期中頃から終わり頃の数多くの竪穴建物跡、貯蔵穴や土坑墓などが検出されている（図2）。

遺跡から出土した剥片石器のうち、石鏃の出土量は約8割を占める。石材には、秋田方面から運ばれたと考えられる珪質頁岩や、遺跡の南側の根反川などで採れる珪化木が利用されている（図3）。石鏃製作時の未製品や剥片・チップなども多く出土していることから、集落内で石鏃の製作が行われたことがうかがえる。

珪化木は「木石」とも呼ばれ、火山灰などで埋没した木の成分が変化し化石化したものである。石鏃製作の石材には、メノウ化した硬質部分が利用されている。根反川流域から採取された珪化木の原石は、剥離によって規則的な剥片が取れにくく、石屑が多く発生する性質がある。珪化木の石屑が多く出土していることから、河川転石を採取してから剥離性の良質な部分を選択している（秦 2015）と考えられ、集落での生活に必要な素材を選択的に利用していた様相が浮かび上がる。

また、出土遺物の中には、アスファルトや黒曜石も見られ、それらは遺跡から遠く離れた日本海側に産地があり、

所在地：岩手県一戸町
時　代：縄文時代中期後半（約4,500～4,000年前）
主な遺構：竪穴建物跡、配石遺構、盛土遺構、掘立柱建物跡
主な遺物：縄文土器、石器、土製品、石製品、炭化種実（クリ、クルミ、トチノキ）、焼骨（シカ、イノシシ）
アクセス：IGRいわて銀河鉄道一戸駅下車、徒歩20分またはタクシー5分。
　　　　・JR東北新幹線二戸駅下車、タクシー15分。
　　　　・八戸自動車道一戸ICから国道4号線を盛岡方面へ5分。

図1　空から見た御所野遺跡

図2　遺跡中央の配石遺構

図3 珪化木の原石（上）と珪化木製の石鏃（下）

図4 アスファルト塊（左）とパレット形土器（右）

図5 子どもガイド
伊勢堂岱ジュニアボランティアガイドとの交流

参考文献

秦　昭繁 2015「御所野遺跡の珪化木と珪質頁岩の石器製作」『平成26年度一戸町文化財年報』一戸町教育委員会。

前川　歩 2017「10. 整備活用の評価」『御所野遺跡環境整備事業報告書Ⅲ』一戸町文化財調査報告書第70集、一戸町教育委員会。

広範なネットワークに根差した道具作りが行われたことがうかがえる。

遺跡中央部の竪穴建物跡の床面からは、アスファルト塊162.2gと内面にアスファルトが付着した深鉢の大形土器片が出土した。残存部で36cmをはかるこの土器の外面は変色し、アスファルトが付着した内面はヘラのようなもので掻き取ったような痕がみられることから、アスファルトを加熱し溶かして利用する際に用いられたパレット土器と考えられる（図4）。アスファルトが付着した剥片は最大長3.9cmで、何らかの要具あるいは工具として利用された可能性がある。日本海側の原産地から運び込まれた集落では、竪穴建物内でアスファルト塊が保管された後、炉などで加熱しながら、要具を使って塊を少しずつ溶解し、石鏃などの着柄や固定などに使用されたのであろう。

御所野遺跡は新たな活動や文化が生まれ、現在、そして未来の地域社会を育む場ともなっている。

現在、御所野遺跡には、四つのボランティア団体があり、各団体の会員のみなさんは、日常的に遺跡の保存や清掃活動、遺跡のガイド、体験学習の講師など、多岐にわたる活動を行っている（図5）。御所野遺跡を拠点として、ボランティアのみなさんが交流する場となっていることも大きな特徴の一つである。

2019（令和元）年に設立20周年を迎えた一戸町立一戸南小学校児童による「御所野愛護少年団」をはじめ、近年は一戸町内の子どもたちの学習活動やPR活動が非常に活発に行われている。一戸南小学校では、「総合的な学習の時間」の授業を通して、御所野遺跡の内容や特徴から縄文人の知恵を学ぶ調査活動や、学んだ縄文人の知恵を伝える・広める「子どもガイド」活動や修学旅行先でのPR活動が行われている。子どもたちは、ガイドを行う際、ただ遺跡を案内するのではなく、自分たちの調査活動を通して学んだ縄文人の暮らしや知恵について、「自分たちの言葉」で伝えるように心がけて活動している。そして、御所野遺跡をはじめ、自分たちが暮らす地域の歴史や文化を学び、伝え合う活動を通し、未来の一戸について考えを深めている。

（菅野紀子）

9. 史跡入江貝塚

入江貝塚は、板谷川の右岸、噴火湾を望む標高約20m
の高台に所在する。遺跡に立つと、東に有珠山、南に噴火
湾を隔てて遠く駒ケ岳を眺望できる。これらの山々はその
後の噴火により形を多少とも変えているが、縄文時代以来
の風景を今に伝えている。

貝塚は1950（昭和25）年に伊達高校郷土研究部によって
最初の発掘調査が行われた。それ以後は札幌医科大学や町
教委など十数回にわたって調査が実施され、遺跡の内容が
明らかとなった。その後、1988（昭和63）年に国の史跡と
なり、現在は史跡公園として整備されている。

入江貝塚は縄文時代前期末（約5,000年前）から縄文時
代後期前葉（約4,000年前）にかけて形成された貝塚・竪
穴建物跡・墓を伴う集落跡である。貝塚は台地上1カ所と
台地縁辺部に2カ所認められている。

貝塚は縄文時代前期の終わり頃から中期前半にかけて噴
火湾岸に盛んにつくられた。中期後半はやや衰退期に入る
が、後期の初めには再び活発に貝塚を形成している。この
間は少なく見積もっても1,000年以上にもなり、厚さ4m
にも及ぶ部分がある。

貝塚からは土器や狩猟・漁撈活動用の道具をはじめ、こ
うした道具を駆使して得た獲物の残滓などが見つかってい
る。アサリ・イガイなどの貝類のほか、カレイ・ニシン・
カサゴ・スズキ・マグロなどの魚類、エゾシカやイルカ類
を中心とした哺乳類など数多くの動物骨が出土している。

また、漁労具では、シカや海獣骨製の銛頭や釣針の各種
がある。銛頭は、縄文時代前期から後期にかけて各時期の
ものが認められることから、貝塚形成当初から銛漁が行わ
れていたことを示している。釣針は、単式と結合式があ
り、獲物の大きさに合わせて適宜使い分けていたことがわ
かる。入江貝塚では、これら銛頭や釣針を用いた漁労活動
が長期間にわたって行われていたことを意味しており、そ
の活動の活発さを物語っている。

装飾品では、貝や牙製の装飾品の各種がある。特に遺跡

所在地：北海道洞爺湖町
時　代：縄文時代前期末から後期前葉（約
　　　　5,800～3,700年前）
主な遺構：貝塚、墓、竪穴建物跡
主な遺物：縄文土器、石器、骨角器
アクセス：JR洞爺駅下車、徒歩約15分

図1　入江貝塚の近景

図2　入江貝塚の貝層

（縄文時代前期末～後期前葉：約5,000～3,700年前）

図3　筋萎縮症を患った人骨
（約4,000～3,700年前）

図4　銛頭（中央右：7.52cm）
（約5,000～3,700年前）

図5　猪牙製装身具
（約4,000～3,700年前、長さ9.09cm）

図6　貝製品
（約5,000～3,700年前　左：ベンケイガイ製貝輪（中央：
8.1cm）、右上：イモガイ製貝玉(左：2.16cm、右：2.73
cm)、右下：オオツタノハガイ製貝輪（6.24cm））

近傍では入手できない本州に生息するイノシシの牙製品や南海産のオオツタノハガイ製の貝輪の存在が重要かつ注目される。これらの製品は、本州との交流を示すものである。なかでも入江貝塚出土のヒトの歯形を模した猪牙製品は「抜歯」風習が流行りだす縄文時代後期の初めにあたり、縄文人の歯に対する強いこだわりを物語っている。

　ところで縄文時代の貝塚には、しばしばヒトのお墓が営まれている。入江貝塚では15基の墓が発見されている。つまり縄文人が貝塚を特別の場所と考えていた一つの証拠である。彼らにとって貝塚は単なる「ゴミ捨て場」なのではなく、アイヌ文化にみられる神聖な「物送り場」の意味を持つものであったと思われる。

　数あるお墓の中で筋萎縮症に罹患したヒトが発見されている。墓は座葬に近い状態で埋葬されており、遺体の上には円礫が積み上げられていた。

　埋葬されていた人骨は、頭蓋、脊椎、肋骨などの体幹を構成する骨格の形態や大きさは通常の大人と変わらないが、四肢骨の骨幹部は明らかに細く成長が阻害されていた。これは四肢長骨に対応する筋群が長期にわたって機能停止したことによるものである。つまり、この縄文人は何らかの原因によって自力で立つことすらおぼつかない、常に介護が必要な状況であったことがうかがえた。原因としては、ポリオ（小児マヒ）や筋ジストロフィーなどが考えられる。いずれにしても、この縄文人は若くして肢体が不自由なまま長い年月を経過したと考えられている。それだけ周囲の手厚い介護を受けながら生き長らえた自愛に満ちた介護社会を物語っている。　　　　　（角田隆志）

10. 史跡小牧野遺跡

青森市の中心部から南西へ約9.5km、堤川水系の荒川と入内川に挟まれた標高145mの舌状台地上の緩斜面に所在する。縄文時代後期前葉につくられた環状列石を特色とする遺跡である。1995（平成7）年に国指定史跡、2001（平成13）年に追加指定された（指定面積87,632.61㎡）。

遺跡一帯は、江戸時代以来、馬の放牧地として利用されていたことから「小牧野」の名が付けられた。特に環状列石がある地点は、石が散在することから「石神平」とも呼ばれていた。また、環状列石の南方後背地の緩斜面上位から陸奥湾を眺望できる景観はみごとである。

1989（平成元）年、青森山田高等学校等による発掘調査で環状列石が発見された。その後、青森市教育委員会により、1990～2005（平成2～17）年に発掘調査、2006～2014（平成18～26）年に史跡の用地取得や整備を進め、2015（平成27）年にガイダンス施設「小牧野遺跡保護センター（縄文の学び舎・小牧野館）」とともにオープンした。

現地は、発掘調査によって露出し、保存処理した状態の環状列石を見学することができる。環状列石の規模や特徴は以下の通りである。

①環状列石は、「中央帯（中心点）」「内帯」「外帯」の三重構造の円環状の列石を中心に、一部四重となる列石や外帯を囲むように配置された「環状配石」、内帯や外帯に付随した「特殊組石」などで構成される。

②環状列石の直径は、中央帯が直径2.6m、内帯が29m、外帯が35m、一部四重となる列石を含めると最大55mとなっており、国内最大級の規模を誇る。

③環状列石は、平らな石を縦横交互に繰り返し、あたかも石垣を築くように配置しており、「小牧野式配列」と名付けられている。

④環状列石内の平坦な広場の空間は、面積約500㎡を測り、周縁には立体的に石がめぐらされ、さながら芸術的な円形劇場を思わせる。

⑤環状列石の構築に際しては、斜面の高い南東側の土を削

所在地	青森市大字野沢字小牧野
時　代	縄文時代後期前葉（約4,000年前）
主な遺構	環状列石・再葬土器棺墓
主な遺物	土偶・ミニチュア土器・三角形岩版
アクセス	・青森市市バス大柳辺線野沢下車、徒歩約25分 ・東北自動車道青森中央ICから約20分 ・JR東北新幹線新青森駅から車で約30分 ・JR奥羽本線青森駅から車で約30分

図1　上空から見た環状列石（上が南西）

図2　小牧野式配列

図3　再葬土器棺
（左から高さ　34.1cm、56.2cm、47.8cm、52.3cm）

図4　土坑墓

図5　三角形岩版
（大きさは3～11cm 内外）

り（切土）、その排土を斜面の低い方に盛土するなど、あらかじめ土地造成が行われている。切り盛りの境界は、環状列石のほぼ中央の広場付近にあたり、小牧野式配列の段差（法面）が切土と盛土の境目に当たっている。

⑥環状列石に用いられている石は、2,899個を数え、遺跡の東側を流れる荒川から運ばれたものと推測される。基本的には安山岩と石英安山岩の2種類で、安山岩が約9割を占める。

　発掘調査は、面積10,000m²に及び、環状列石と同時期（縄文後期前葉、十腰内Ⅰ式期）の遺構としては、配石遺構14基、竪穴建物跡2棟、土坑約200基（うち半数以上が墓とみられる）、再葬土器棺墓4基（白骨化した遺骸を再び埋葬した墓）、捨て場跡1カ所、湧水遺構1カ所、粘土や石器素材の剥片を貯蔵した遺構などが発見されている。

　また、墓域や捨て場跡を中心に土器や石器など日常的に使用されている道具のほか、土偶42点やミニチュア土器73点、動物形土製品2点、鐸形土製品57点、土器の破片を利用した円版436点、三角形岩版406点、円形岩版375点など祭祀的色彩の強い遺物が多いことが注目される。

　環状列石が縄文人にどのように使用されたのかは、まだまだ謎が多いところである。小牧野遺跡に限って言えば、環状列石から検出された土器棺墓や隣接する墓域との関係、土偶や三角形岩版をはじめとする祭祀儀礼に関係すると思われる遺物の存在、多くの人々が集うことの出来るに十分な面積を有する環状列石内側の広場空間などとの関連から、祖先崇拝を含めた彼らの精神文化と関わる複合的な機能を有する「祭祀場」としての性格が考えられる。

　また、環状列石が膨大な労力を投入して構築され、あるいは大勢の人々に長期間、利用されてきた背景には、周辺一帯に散在する集団にとっての象徴的な意義とともに、それを可能とした社会的な組織力の存在および結束力を維持する効果もあったものとみられる。　　　　（児玉大成）

図6　動物や狩猟の意匠のある遺物
1：動物形土製品（長さ3.9cm、幅2.2cm）　2：動物形土製品貼付土器（高さ4.3cm）　3：狩猟文土器（口径15.5cm、高さ11.1cm）　4：動物意匠のある石皿（現存する長さ21.9cm、幅12.4cm）

11. 史跡伊勢堂岱遺跡

伊勢堂岱遺跡は鷹巣盆地の米代川左岸にある河岸段丘状に位置する縄文時代後期前葉（約4,000年前）の環状列石を主体とする遺跡である。環状列石はこれまでに四つも発見され、縄文文化の遺跡の中では最多であり他に例はない。そのほかに配石遺構、堀立柱建物跡、土坑墓、溝状遺構などの遺構を検出しており、大規模な祭祀の場と考えられている。遺跡は約20万m²に広がり、そのうち約16m²が、縄文人の世界観を知ることができる貴重な遺跡として、2001（平成13）年1月29日に国の史跡に指定された。

伊勢堂岱遺跡は1999（平成11）年に開港した大館能代空港へのアクセス道路建設に先立ち、1992（平成4）年に行われた確認調査で発見された。1995・1996（平成7・8）年に秋田県埋蔵文化財センターによる大規模な発掘調査の結果、三つの環状列石（A・B・C）を検出し、地域住民や県民が遺跡の現地保存を求める声が広がり、1996（平成8）年12月に秋田県知事が道路計画を中止し、遺跡の現地保存が決定した。建設途中の道路橋脚3基は、今でも英断を後世に伝える記念碑として保存されている。

環状列石Aは直径約32mの円弧で、柄鏡のような形をしている。おそらく完成形を二重の円環に意識して造営されたと考えられる。列石に使用された石は約1,300個を数える。発見当時、組石の一部に「小牧野式」と呼ばれている梯子状の組石が3カ所あることがわかり、小牧野遺跡との関係について話題となった。

環状列石Bは、配列が円弧ではなく、弧状であり「未完成の環状列石」と言われる。列石の直下にある土坑墓からは完全な形に復元できた板状土偶が出土した。

環状列石Cは三重の円弧であり、直径45mと四つの中でもっとも大きいものである。列石内側の広場部分を削平し、そこで得た土を盛土し、石を配置しており、環状列石造営に伴う土木工事の実態が明らかになった。

環状列石Cより南側でハンドボーリング探査を実施したところ、環状列石Dが発見された。直径36mの二重の

▨所 在 地：秋田県北秋田市（旧鷹巣町）脇神
▨時　　代：縄文時代後期前葉（約4,000〜3,700年前）
▨主な遺構：環状列石
▨主な遺物：土偶・三脚石器
▨アクセス：JR奥羽本線鷹ノ巣駅・秋田内陸縦貫鉄道鷹巣駅より車で15分。
　　　　　・秋田内陸縦貫鉄道縄文小ヶ田駅より徒歩5分。
　　　　　・大館能代空港より車で5分。

図1　伊勢堂岱遺跡全景

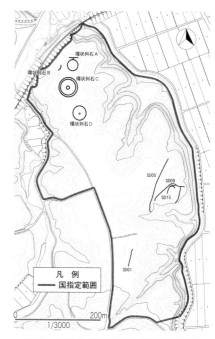

図2　伊勢堂岱遺跡の遺構配置概略図

図3　溝状遺構（幅1m、深さ1m、長さ100m）

図4　板状土偶（高さ19cm）

図5　三脚石器（幅7〜10cm）

参考文献
榎本剛治 2014「縄文遺跡における史跡整備の
　デザインについて〜史跡伊勢堂岱遺跡〜」
　『遺跡学研究』第11号、日本遺跡学会。
北秋田市教育委員会 2011『史跡伊勢堂岱遺跡
　発掘調査報告書』北秋田市教育委員会。

円弧である。内帯と外帯の間に小形の配石遺構が配置されることが特徴である。列石C・Dについては、南側半分は将来の調査のために未発掘の状態で保存されている。

四つの環状列石を構成する石は20種類以上あり、米代川と、その支流の小猿部川、さらに支流の湯車川のものが使われている。想定される採取地点は遠いところで5〜6km離れている。石の色も青・黄色・赤などさまざまである。その大半が緑色の石英閃緑ヒン岩で構成される大湯環状列石とは、石へのこだわりが異なる。

出土遺物は石鏃・石槍・スクレイパーなどの狩猟具、石皿・叩石などの研磨器といった実用的な道具もあるが、祭祀儀礼に関わるも多く見られる。土偶や動物形土製品、キノコ形土製品、鐸形土製品、石刀などがある。

土偶は200点近く発見されているがどれも破片であり、完全な形に復元できたものは1点のみである。この時期の土偶は板状土偶と呼ばれ、体部が逆三角の形状で、頭が突き出し立体的な形状を特徴とする。

三脚石器はかなり出土しているが、他の遺跡ではほとんどない。この遺跡を特徴づける遺物であるにもかかわらず、用途にはっきりとしない。稀に表面に接着剤として使用されたアスファルトが付着していることもある。

伊勢堂岱遺跡は整備が完了し、四つの環状列石を間近に見学することが可能である。2016（平成28）年にはガイダンス施設である伊勢堂岱縄文館が開館した。伊勢堂岱遺跡の解説や出土品の展示、20分に及ぶガイダンス映像を見学することができる。　　　　　　　　　（榎本剛治）

12. 特別史跡大湯環状列石

大湯環状列石は万座環状列石・野中堂環状列石を中心とする遺跡であり、鹿角市内を北流する米代川の支流である大湯川と豊真木沢川の浸食によって形成された標高約180mの「中通台地」の中央部に位置している。

遺跡は1931（昭和6）年、中通台地の耕地整理中に発見され、地元有識者らの活動により二つの環状列石は大規模な破壊行為を受けることなく保全されてきた。1942（昭和17）年の神代文化研究所、1946（昭和21）年の朝日新聞社、1951・52（昭和26・27）年の文化財保護委員会（現文化庁）による発掘調査を経て1956（昭和31）年に特別史跡に指定されている。当時周知されていたのは環状列石のみで、環状列石に設置されていた保護柵の外側一帯には畑が広がっていた。昭和40年後半に入ると中通台地上での開発事業などが盛んになり、遺跡周辺の保存が危ぶまれたことから緊急分布調査が実施され、環状列石に関連する遺構が広範囲に存在することが明らかになった。その後、鹿角市教育委員会による発掘調査と環境整備事業が実施され、現在は二つの環状列石や立体表示した遺構群を見学できるようになっている。

縄文時代後期は集落の小規模化・分散化が進む一方で、多大な労働力を要する規模の構築物が各地に出現した時期である。環状列石の多くは北海道道南から北東北を中心に分布しており、なかには共通する構造を有したものも見られるが、遺跡ごとに特色のある環状列石が構築されている。本遺跡にある二つの環状列石は、河原石を二重の環状に配置した構造で、最大径は万座で52m、野中堂で44mを測る。現在両環状列石で確認できる河原石は約8,500個であり、中でも淡い灰緑色で柱状を呈した「石英閃緑ひん岩」（せきえいせんりょくがん）を多用していることが特徴的だ。石の採取地には大湯川とその支流である安久谷川（あくや）の合流点より下流域が想定されているが、合流点から遺跡までは直線距離で4km近く離れており、石に対するこだわりをうかがうことができる。

環状列石内には多くの配石遺構が設けられている。配石

所在地：秋田県鹿角市
時　代：縄文時代後期前葉〜中葉（約4,000〜3,500年前）
主な遺構：環状列石
主な遺物：土器、石器、土製品、石製品
アクセス：東北自動車道十和田ICから約15分。
・JR花輪線鹿角花輪駅乗換え、大湯温泉行バス「大湯環状列石前」下車。

図1　上空から見た大湯環状列石

図2　野中堂環状列石の日時計状組石
（北側より撮影）

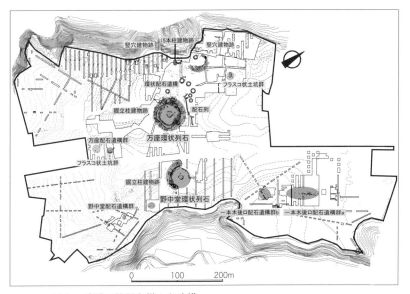

図3　遺跡の範囲と様々な遺構

遺構は直径1～2m程の規模で、円形や四角形などの形状があり、石の組み方には数種類のパターンが存在する。二つの環状列石の形状には共通点が多く、特に両環状列石の中心にある配石遺構と中心から見て北西側に配置された「日時計状組石」と呼ばれる配石遺構は一直線に並ぶような配置がとられており、両環状列石を関連付けて構築した可能性を示唆している。野中堂環状列石から約250m北東側には一本木後口配石遺構群が所在している。遺構群は弧状の石列と57基の配石遺構で構成されており、発掘調査で調査した44基の配石遺構下部のほぼすべてに土坑があることが確認されている。文化財保護委員会による両環状列石の配石遺構下部の調査においても同様の成果を得ており、配石遺構の多くは墓として使用したことが考えられている。

環状列石周辺からも様々な遺構が確認されており、環状列石の外側には掘立柱建物跡、土坑、フラスコ状土坑などが同心円状に分布している。また、万座環状列石の北側には石列、北西側には環状列石構築期より後に形成された環状配石遺構群などの遺構が確認されているが、使用用途などは明示できていない。竪穴建物跡は万座環状列石側の台地縁を中心に16棟確認され、ここで生活した人々の存在をうかがわせるが、この集団だけで環状列石を構築したとは考えにくく、周辺遺跡との関係性について研究を継続していくことが課題である。

出土遺物については環状列石の外側からの出土が多く、土器・石器類のほか、祭祀具と考えられる装飾的な土器や土偶、キノコ形土製品、鐸形土製品、石刀などの多種多様な道具類が出土している。

大湯環状列石は墓域と祭祀・儀礼の空間が発達した場所であり、当時の社会の在り方や他の環状列石との関係を考える上でも重要な遺跡である。　　　（赤坂朋美）

図4　さまざまな出土遺物（上：出土土器　下：祭祀の道具）

上の写真左から2番目の台付土器は高さ18.7cm、口径12.3cm、底径14.1cmを計る。下の祭祀道具、右から3番目の足形石製品は長さ10.5cm、幅7.0cm、厚さ2.3cmと子供の足ほどの大きさだ。

参考文献

藤井安正ほか 2017『特別史跡大湯環状列石総括報告書』鹿角市教育委員会

13. 史跡キウス周堤墓群

史跡キウス周堤墓群は、縄文時代後期後葉の集団墓地群である。

キウス周堤墓群は北海道中央部に広がる石狩低地帯南部、長沼低地の東縁にある馬追丘陵の西裾に位置しており、かつての広大な低湿地と丘陵に挟まれた標高15〜21mの緩やかな傾斜をもつ段丘面に立地する。キウスとはアイヌ語で「キ・ウシ」（カヤ・群生するところ）という意味である。

周堤墓は、地面を円形に掘りくぼめ、その土を周囲に環状に積み上げて構築した周堤の内部（竪穴）に、複数の土坑墓を設けた墓地遺構である。周堤墓内部の墓域は竪穴と周堤により明瞭に区画されており、竪穴住居を意識して構築されたものと考えられている。

周堤墓はすべての埋葬に先だって造られたものである。これは本来的に死者のために築かれたのであったが、他方において竪穴と周堤の存在は他者に対しては威信を見せるという視覚的な効果をもたらした（春成 1983）。

周堤墓の分布は北海道・道央以東の地域に限られている。これまでに発見された約70基の周堤墓のうち、約60基が石狩低地帯南部（恵庭市、千歳市、苫小牧市）に集中してあり、史跡キウス周堤墓群とその付近で約半数の30基が確認されている。

史跡キウス周堤墓群には、周堤墓が9基存在している（図1）。これらは小河川の両岸に分かれていて、北側に2基、南側に7基の周堤墓が分布する。南側の周堤墓群の西側には南北に走る「通路状遺構」があり、またキウス4号周堤墓の北側外縁部では石棒を副葬した土坑墓が存在していた（図2）。史跡では、周堤墓とこれに付随する通路状遺構及び土坑墓が全体として広域な墓域を形成している。

南側の周堤墓群は、通路状遺構沿いに4基、これに交差して南東に延びる浅い谷地形に沿って3基が造られ、周堤墓内部への出入口はこれら往時の道と推定される遺構・地形に面している。周堤墓群は浅い谷を介して南北に分かれ

■所在地：北海道千歳市
■時　代：縄文時代後期後葉（約3,200年前）
■主な遺構：周堤墓、土坑墓
■主な遺物：石棒、土偶（破片）
■アクセス：千歳市街から国道337号を長沼方面にむかって約8km、北海道横断自動車道路の千歳東インターチェンジを過ぎたあたり。

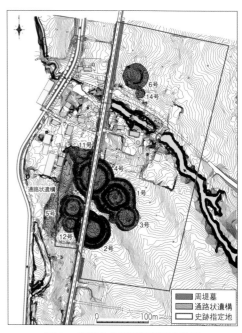

図1　史跡キウス周堤墓群全体図
最大級の規模を有する周堤墓が群在する。その特異な光景を国道脇の森の中に見ることができる。

図2　石棒（せきぼう）
両端のふくらんだ部分には線刻模様が施されている。長さ57cm・重さ710g。中央部の太さ3cm。頁岩製。

図3　キウス1号周堤墓（西より）
円い周堤に立つ外側の人の輪には約130人が並ぶ。これで
も余裕のあるほどに1号周堤墓は巨大だ。

図4　キウス2号周堤墓（北より）
堤の低くなったところは内部への出入口と推定される。

それぞれ周堤を連接させた配置であり、11号→4号→1号
←3号、12号→5号→2号の矢印の順序で構築されたこと
が推定され、規模の大型化が見られる（大谷 1978）。

　小型・中型の14号・12号を除く7基の周堤墓は、現況地
形で、周堤の外径51～83m、竪穴の直径（内径）22～43
m、周堤の幅12～24m、周堤の高さ0.6～4.7mを測る（千
歳市教育委員会 2020）。なかでも1号・2号・4号の3基
は外径約70～80m、堤の高さ1.5～4.7mと破格の規模で、
縄文文化最大級の構築物といえる。周堤の外径規模は10～
30mが一般的であることから、極めて大型の周堤墓が群
集しているキウス周堤墓群は傑出した存在である。

　キウス1号周堤墓（図3）は、周堤の外径83m、内径36
m、周堤の幅23.5m、周堤の高さ2.8mを測り、竪穴部分は
約300坪の広さをもつ。1964年のトレンチ発掘（約67m²）
で、墓標と思われる石柱が中央部に埋設されていた墓を含
む墓坑が5基検出されたが全容は明らかではなく、墓坑の
あり方からみて、キウス周堤墓群は、複数の居住集団の労
働力を結集して構築され共同して営まれた墓域であった可
能性が指摘されている（春成 1983）。

　キウス2号周堤墓（図4）は、周堤の外径73m、内径30
m、周堤の幅21.5m、周堤の高さ4.7m（地上高約2m）と
最も深い周堤墓である。構築に際して移動堆積された土量
は3,080±300m³と推計されており、これは例えば1人の
人間が1日1m³の土を積み上げたとして、25人がかりで
約120日の日数を要する土量であり（千歳市 1983）、現代
のスコップなど無く磨製石斧など想定される当時の道具で
の作業となれば、多大な労力がかかったものと想像され
る。

　キウス周堤墓群は縄文期以降に火山灰や腐植土によって
覆われるが、昭和初期に保護がなされ、構築時の外観を現
地表でもそのまま確認することができる。周堤と中央部の
くぼみ、及び相互の配置が作り出す地貌は、現在に至る史
跡の形成過程を示すとともに、縄文時代の墓地の有り様を
私達に教える貴重な景観を残している。　　　（豊田宏良）

参考文献
大谷敏三 1978「「環状土籬」について」『考古
　学ジャーナル』156。
千歳市 1983『増補　千歳市史』。
千歳市教育委員会 2020『史跡キウス周堤墓群
　保存活用計画』。
春成秀爾 1983「竪穴墓域論」『北海道考古学』
　19。

14. 史跡大森勝山遺跡

大森勝山遺跡は、弘前市の中心市街地から北西へ約14km
のところに位置しており、岩木山（標高1,625m）の赤倉
沢を源流とする大石川と大森川に挟まれた、標高約130～
150mの舌状台地上に立地する。

　1957（昭和32）年、岩木山麓での大規模な農業開発が計
画され、1958（昭和33）年～1961（昭和36）年にかけて34
地点で発掘調査が行われた。青森県において、行政が実施
した最初の緊急発掘調査である。本遺跡は、1959（昭和
34）年～1961（昭和36）年の発掘調査により発見された。

　この調査では、環状列石や、発見当時日本最大の住居跡
と称された大型竪穴建物跡、土坑、集石遺構が発見され
た。遺物は、縄文時代前期～晩期の土器や、石器各種、土
偶などの土製品、円盤状石製品などの石製品が出土してい
る。なお、市内では唯一の後期旧石器時代の石器も発見さ
れており、県重宝に指定されている。また、当時の発掘調
査では珍しい、ヘリコプターによる航空写真撮影も行われ
ている（図1・2）。

　本調査では、環状列石や大型竪穴建物跡などが、縄文時
代のどの時期に属するのか不明のままであったが、貴重な
発見であることから、調査後埋め戻し、1961（昭和36）年、
弘前市は遺跡の大部分を公有地化して保存に努めた。

　昭和の調査から45年後の2006（平成18）年、弘前市は、
環状列石などの時期の特定や国の史跡指定を目指し、3カ
年による再発掘調査を実施した。

　調査の結果、石組炉や捨て場、土器埋設遺構を新たに発
見したほか、環状列石などが縄文時代晩期（約3,000年前）
のものであることが判明した。環状列石や大型竪穴建物跡
の特徴は以下のとおりである。

環状列石　約1,200個の石が使われており、77基の組石
（石のグループ）が環状に配置されている（図3）。石材
は、岩木山の噴火により産出した輝石安山岩が約1,100個
のほか、遺跡から約17km離れた河川から採取された流紋
岩や花崗岩が使用されている。縄文時代後期の環状列石と

所在地：青森県弘前市
時　代：後期旧石器時代（約1万5,000年前） 　　　　縄文時代前期～晩期（約5,500～ 　　　　3,000年前）
主な遺構：環状列石、竪穴建物跡、捨て場、 　　　　　土器埋設遺構、石組炉
主な遺物：縄文土器・石器・石製品・土製品
アクセス：見学可。出土遺物は裾野地区体育 　　　　　文化交流センター並びに弘前市立 　　　　　博物館で見学可。

図1　環状列石　遠景（北から、1960年撮影）

図2　大型竪穴建物跡　全景（東から、1959年撮影、
直径約13m）

図3　環状列石　全景（写真左下が北、2007年撮影。
長軸／北東－南西方向48.5m、短軸39.1m。）

図5　環状列石と岩木山（東から、2020年撮影。環
状列石の東側に立つと、環状列石・大型竪穴建物
跡・岩木山を一直線上に眺めることができる。）

図6　岩木山山頂に沈む夕日（2016年冬至の日撮影）

参考文献
岩木山刊行会 1968『岩木山麓古代遺跡発掘調
　査報告書』。
弘前市教育委員会 2010『大森勝山遺跡発掘調
　査報告書』。

図4　円盤状石製品
（直径3～10cm、厚さ約2cm。平らな石を円形に打ち欠く。用途不明。）

は異なり、組石の下や環状列石の内外には墓を持たず、土坑などの遺構も構築されていない。また、環状列石の構築の際に、大規模な土木工事を行っていたことがが判明した。地面を土手状に整形した後、土手の外側緩斜面に組石が配置されているため、列石中央に立っても組石が見えづらい構造となっている。また、土器や石器は少なく、周辺から円盤状石製品が約250個出土している（図4）。

大型竪穴建物跡　直径約13mの円形で、環状列石から西へ約100mのところに位置する。昭和の発掘調査時には、その大きさから、埋まりきらずに大きな凹みとして確認されいる。主柱穴は4本で、柱痕は直径約20～40cm、深さは96～131cmを測る。床面端には、円周上に溝が巡る。建物の中央には石組炉が配置されており、24個の川原石を、直径約1.4mの環状に配置している。

　縄文時代晩期の環状列石は、日本でも数が少なく、また、発掘調査により規模などの全容が把握されている遺跡は、本遺跡のみである。2012（平成24）年、国の史跡に指定された。縄文時代後期の環状列石のように集団墓を伴わない本遺跡は、環状列石の変遷・展開、縄文人の精神性を知る上でも貴重な遺跡である。

　遺跡の台地に立つと、鉄塔などの現代の人工物はまったく見えない。まるで縄文時代にタイムスリップしたかのような景観が広がる（図5）。また、冬至の日には、岩木山山頂に夕日が沈む光景を見ることができる（図6）。

（東海林　心）

15. 史跡高砂貝塚

高砂貝塚は、赤川の左岸、標高約10m前後の高台に所在する。本遺跡からは有珠山や噴火湾を一望することができる。

貝塚は入江貝塚と同様に、1950（昭和25）年に伊達高校郷土研究部によって最初の発掘調査が行われた。それ以後は札幌医科大学や町教委など十数回にわたって調査が実施され、遺跡の内容が明らかとなった。

高砂貝塚は、台地上につくられた縄文時代後期（約4,000年前）と晩期（約2,500年前）の3カ所の貝塚と、その中に形成された墓、配石遺構が見つかっている。

噴火湾沿岸は、縄文時代を通じて数多くの貝塚が形成されたが、その中でも縄文時代晩期につくられた貝塚は、発見例が少ないことから、当時のくらしを知るうえでとても貴重である。遺物は縄文時代早期から認められ、続縄文期、擦文期、アイヌ文化期に至るまで広範な時期にわたって認められる。

貝塚からはタマキビ・ホタテ・アサリなどの貝類、ニシン・カレイ・マグロなどの魚類、エゾシカ・イルカ・オットセイなどの哺乳類が出土しており、特にアサリやカレイが多くみられることから、貝塚周辺には砂浜が広がる環境だったことがわかる。

高砂貝塚では、縄文時代後期のはじめころにつくられた貝塚と縄文時代晩期の墓域とが、ほぼ同じ位置で見つかっていることが特徴的である。本貝塚では、貝塚に墓をつくるということが、伝統的に引き継がれていたことを示している。

墓は、配石を伴い、ベンガラが散布され、大洞C₂式土器を主体としてヒスイ製玉、緑色凝灰岩製の小玉や石鏃などを副葬品として埋納していた。出土した人骨からは、「抜歯」の痕跡が認められる例や胎児骨を伴う妊産婦の墓も見つかっている。抜歯人骨は、上顎右の第2切歯に歯槽閉塞がみられ、北海道における初めての抜歯人骨と認められた。抜歯風習は縄文時代中期末以降に流行した風習であ

所在地：北海道洞爺湖町
時　代：縄文時代後期初頭（4,500年前）および晩期中葉（3,000〜2,800年前）、近世アイヌ文化期
主な遺構：貝塚、墓配石遺構
主な遺物：縄文土器、石器、骨角器
アクセス：JR洞爺駅下車、徒歩約15分

図1　高砂貝塚の近景

図2　高砂貝塚の貝層
（約3,000〜2,800年前）

図3　土器出土状況
（約3,000〜2,800年前）

図4　妊産婦の墓
（約3,000～2,800年前）

図5　配石遺構
（約3,000～2,800年前）

図6　配石下の縄文土器
（約3,000～2,800年前）

図7　土　偶
（約3,000～2,800年前、左：現在長6.8cm、右：全長6.7cm）

り、主に通過儀礼に伴って行われたと考えられている。抜歯の痕跡のある人骨は、特に縄文時代晩期の東海地方などに顕著に見られる。

　また、縄文時代晩期の高砂貝塚A地点貝塚G4号墓からは、成人女性の骨盤尾方から胎児骨が出土しており、妊産婦の墓であったことが明らかとなった。妊産婦の墓は頭位を南方向に向け、ベンガラを多量に散布するという点が他の墓とは異なっている。副葬品には黒曜石製のナイフや新潟県産のヒスイ玉などが認められた。縄文期の妊産婦の埋葬例は全国的にも発見例が少なく、高砂貝塚の例は貴重である。縄文人にとって妊産婦は、新しい生命を生み出す存在として考えられており、それだけに妊産婦の死は、異常の死であり、通常の埋葬とは異なった扱いをとったと考えられる。

　なお、この縄文人は外耳道骨腫が見られることから、素潜りで海産物を獲得するなど冷水の刺激を受けていた状況が想定される。その他の人骨からは、小児期における低栄養に基づく貧血などによっておこる眼窩篩（クリブラ・オルビタリア）や軽度の骨膜炎などの症例も認められている。

　これらの墓の北側には配石遺構が見つかっており、土偶やベンガラ（赤色顔料）を満たした土器などがみられるなど、墓前祭祀が行われた可能性を示しており、この地域における埋葬方法を知ることができ、同時に高い精神性を垣間見ることができる。

　高砂貝塚では、これらの調査結果をもとに2015（平成27）年度より2020（令和2）年度まで6カ年にわたり整備事業を実施した。今後は自然とふれあい、縄文のたたずまいを体感できる場として、遺跡の価値を後世に伝えていくための活動に取り組んでいく。　　　　　（角田隆志）

縄文遺跡

16. 史跡亀ヶ岡石器時代遺跡

　亀ヶ岡石器時代遺跡は、日本考古学史上よく知られた縄文時代晩期を代表する遺跡である。津軽半島の日本海沿いに延びる屏風山砂丘地の東縁部に所在し、標高7〜18mの台地からその南北の標高3〜4mの低湿地にかけて広がる。

　遺跡は「瓶ヶ岡」または「亀ヶ岡」の名で江戸時代から広く知られていた。寛政年間に遺跡を訪れた菅江真澄はその様子を紀行文に記し、遺跡地と出土品を絵図に残した。文政年間には、土器・土偶が津軽藩士や江戸の好事家たちの手に渡り、珍重されたことが記録されている。明治期に入ると、東京帝国大学人類学教室に所属した佐藤傳蔵などの研究者が台地と低湿地の発掘調査を行い、その調査結果や出土遺物が『東京人類学会雑誌』に頻繁に報告された（佐藤 1896abほか）。1887（明治20）年に南側低湿地で偶然発見された大型の遮光器土偶は、その年には同雑誌に図入りで報告されて一躍有名になり、1957（昭和32）年には重要文化財に指定されている。

　昭和期には、1950（昭和25）年の慶應義塾大学、1980〜82（昭和55〜57）年の青森県立郷土館など多くの研究機関が南側低湿地の調査を実施し、縄文時代晩期を主要な年代とする遺跡であることが明らかになった（三田史学会1959、青森県立郷土館 1984）。低湿地からは、深鉢・鉢・壺などの装飾性豊かな土器、土偶、石鏃、玉類とその製作に用いた石錐や砥石のほか、籃胎漆器や木製品、骨製銛などの有機質製の遺物が多数出土した。低湿地の泥炭層中に残存する花粉、種実、木材などの自然遺物を対象とした古環境調査も昭和50年代に実施され、遺跡周辺では縄文時代晩期頃にクリやトチノキが増加することも明らかになった。

　なお、泥炭層からの遺物出土という特殊性から、戦時中の1944（昭和19）年に「亀ヶ岡石器時代遺跡」の名称で史跡指定を受けている。

　明治期以降の低湿地調査により亀ヶ岡文化期の物質文化

所在地：青森県つがる市木造館岡沢根・亀ヶ岡近江野沢・亀ヶ岡亀山
時　代：縄文時代前期末葉〜弥生時代前期（約5,500〜2,300年前）
主な遺構：竪穴建物跡、土坑墓、埋設土器、捨て場（縄文時代晩期）
主な遺物：漆塗りの彩色土器、遮光器土偶、土面、玉類、植物を巻いた石棒、籃胎漆器、骨製離頭銛、鹿角製垂飾品（縄文時代晩期）
アクセス：JR五能線五所川原駅より弘南バス「亀ヶ岡」バス停下車。

図1　亀ヶ岡石器時代遺跡の遠景（東から、白線は史跡指定範囲）

図2　縄文時代晩期の漆塗り土器
（風韻堂コレクション、左から2点目の高さ11.4cm）

図3 遮光器土偶
（高さ34.2cm 重要文化財）

図4 縄文時代晩期の土坑墓群

参考文献

青森県立郷土館 1984『亀ヶ岡石器時代遺跡』
　青森県立郷土館調査報告第17集・考古－6。

佐藤傳蔵 1896a「陸奥亀ヶ岡発掘報告」『東京
　人類学会雑誌』11巻118号、東京人類学会。

佐藤傳蔵 1896b「陸奥国亀ヶ岡第二回発掘報
　告」『東京人類学会雑誌』11巻124・125号、
　東京人類学会。

つがる市教育委員会 2019『史跡亀ヶ岡石器時
　代遺跡総括報告書』つがる市遺跡調査報告書
　11。

三田史学会 1959『亀ヶ岡遺蹟―青森県亀ヶ岡
　低湿地遺蹟の研究―』。

が明らかになったが、南北の低湿地に挟まれた台地部分の内容解明は遅れ、次第に宅地化も進んだ。そうした状況の中、1982（昭和57）年に青森県立郷土館による台地南縁部の調査が行なわれ、縄文時代晩期前葉～中葉頃の多数の土坑墓が確認された。2008～17（平成20～29）年のつがる市教育委員会の調査でも、台地の北縁部に広がる同時期の墓域が確認されている（つがる市教育委員会 2019）。

亀ヶ岡石器時代遺跡でこれまでに確認された土坑墓は110基を数える。主な特徴として、上部がロームで盛土され、底部は壁沿いに溝がめぐる。埋葬時には、死者に対して壺形土器、土偶、石鏃、石匕、籃胎漆器が副葬されるとともに、ベンガラ・水銀朱を素材とした赤色顔料や在地で採集できる緑色凝灰岩製の玉類多数が撒かれた様子も一部の土坑墓からうかがえる。

土坑墓と同時期の竪穴建物跡は今のところ1軒のみであり、亀ヶ岡石器時代遺跡の台地縁辺部に広がる墓域は、付近に点在する集落が共同で維持管理した集合墓地と考えられる。台地上に墓域が最も広がる時期は縄文時代晩期前葉～中葉頃であるが、同じ頃に低湿地では捨て場が広がる。低湿地の捨て場は不要物の廃棄場所と考えられるが、中には漆塗りの完全な形の土器がまとまって出土することから、台地上の埋葬に関連した祭祀・儀礼の場でもあった可能性がある。

出土する動植物遺存体や花粉分析の結果から、遺跡付近でクリやトチノキなどの有用植物を管理・利用しながら、周辺の森林や湖沼域でシカ・イノシシなどの獣類や鳥類を入手していた縄文人の生業もうかがわれた。さらに、遺跡から西に4kmほど離れた出来島海岸で入手できる黒曜石や緑色凝灰岩の小礫とともに、骨製の離頭銛・釣針といった漁労具やイルカ・クジラの骨も出土することから、遺跡周辺だけではなく、日本海沿岸部までも活動領域としていたようである。

遺跡内での晩期の暮らしの詳細解明は今後の課題だが、これまでの調査から亀ヶ岡石器時代遺跡は、晩期の人々により死者の埋葬と葬送儀礼が行なわれた場であり、これに伴い、優品を含む多量の遺物が何らかの願いを込めて低湿地に捨てられたと考えられる。　　　　　　（羽石智治）

17. 史跡是川石器時代遺跡

縄文
遺跡
世界遺産になった！

青森県八戸市に所在する是川石器時代遺跡は、相接する一王寺・堀田・中居の三遺跡の総称であり、是川遺跡とも略される。遺跡は、東側に北流する新井田川と、それに合流する大小の沢によって区切られた台地上に、約37.6万㎡の範囲で広がっている。遺跡からは縄文時代草創期から晩期まで各時期の遺物が出土するが、一王寺は前期～後期、堀田は中期後半、中居は晩期を主体とする遺構・遺物が発見されている。

是川遺跡の発掘調査や研究の歴史は古く、大正から昭和初期にかけて地元の泉山氏や東北帝国大学、大山史前学研究所によって発掘が行われた。中居の発掘では、完全な形を保った精巧で華麗な作りの土器や土偶とともに、赤色の漆で彩られた多様な植物質遺物の出土が報告され、日本列島における先史文化のイメージを一新した。堀田の発掘では、縄文土器と共に出土した銭貨を根拠として、中世以降まで縄文のくらしが継続したという仮説が提唱され、縄文時代の終わりを巡る「ミネルヴァ論争」が繰り広げられた。また、縄文時代前～中期の東北北部に展開した「円筒土器」は、一王寺の出土土器をもって名付けられたものであり、層位学と型式学に基づく考古学研究が推進される嚆矢となった。1957（昭和32）年に三遺跡は「是川石器時代遺跡」として国史跡に指定された。泉山氏によって発掘された五千点を超える出土品は、散逸することなく保管された後、八戸市に寄贈された。1962（昭和37）年に、そのうちの633点が国重要文化財に指定されている。

これまでの発掘調査により、中居遺跡の様相が最も明らかになっている。中居では、低湿地に捨て場・水場、台地に竪穴建物や掘立柱建物・土坑墓・配石がつくられた。竪穴建物は6棟発見されており、土坑墓は台地の北から西側にかけて120基以上が発見されている。土坑は小判形に掘られ、赤色顔料で染まった縄文人骨が埋葬されていた。配石は集落の中央からみつかったほか、南の沢に至る斜面を盛土整地した上にもみつかっている。捨て場は、トチノ

■所在地：青森県八戸市是川
■時　代：縄文時代前・中・後・晩期
　　　　　（約5,900～2,400年前）
■主な遺構：捨て場・水場・竪穴建物・土坑墓
■主な遺物：土器・石器・土偶・石製品・漆
　　　　　　製品・木製品
■アクセス：JR八戸駅東口から南部バスで
　　　　　　20分（土・日・祝日運行）。「是
　　　　　　川縄文館」下車徒歩5分。
　　　　　　※整備のため立入りは要確認。

図1　上空からみた是川石器時代遺跡（2015年）

図2　縄文時代晩期の中居遺跡

図3　土坑墓と人骨

図4 水場遺構 杭で留めた板材で写真左方向に
流れる小川をせき止めていた

図5 赤色漆塗り櫛（長さ：7.9cm）

図6 トチとクルミの殻

図7 漆塗り蓋付き樹
皮製容器（上、高
さ28cm）と鉢形
木胎漆器（右、
高さ13cm）

参考文献

宇部則保ほか 2012『史跡是川石器時代遺跡発
掘調査報告書』八戸市埋蔵文化財発掘調査報
告書135、八戸市教育委員会。
辻誠一郎ほか 2018「八戸地域における縄文時
代の環境変動と景観復元」『研究紀要』7、
八戸市埋蔵文化財センター是川縄文館。

キ・クルミといった堅果類の大量の殻によって沢を埋める
ように形成され、上昇した地下水により、あらゆるものが
水漬けになっている。捨て場からは、ほぼ完全な形の土
器・土偶・石器・石製品・植物質遺物・漆製品が出土する
ことから、祭祀空間としての「送り場」といった方が適当
であろう。植物質遺物は、各種加工材をはじめ、4mを
超す大型木柱や格子状の木組みのほか、箆形木製品、石斧
柄、ヤス軸柄などが出土した。漆製品は、櫛・腕輪・耳飾
り、弓、飾り太刀、木胎漆器、籃胎漆器、樹皮製容器のほ
か、漆濾しに使われた編布や漆や赤色顔料が貯蔵された土
器など、漆塗り製品作成に係る一連の工程を示す道具が出
土している。木材・種子・花粉も良好な状態で保存されて
いる。さらに、シカやイノシシといった獣骨のほか、サメ
やスズキ、クジラなどの骨が出土することから、その行動
範囲は河川から海まで広がっていたことがわかる。

捨て場（送り場）の下層からは、足場を設け、沢を遮る
ように板材を杭で留めた水場が発見されている。水場は、
飲み水の場だけでなく、木の実のアク抜きといった食料の
前処理や、木製品の貯木など、水辺の作業場として利用さ
れていたと考えられる。

是川石器時代遺跡は、数少ない縄文時代晩期の集落跡の
好例である。竪穴建物や土坑墓、水場など多様な遺構が発
見され、送り場からは、多様な漆塗り遺物のほか、弓やヤ
スなどの植物質遺物が良好な状態で出土する。これらの道
具や施設は、採集・狩猟・漁労という縄文時代の生業活動
を示すものであり、定住を支えた痕跡をよく示している。
さらに、低湿地から検出した樹木・種子・花粉の分析か
ら、集落やその周辺は、有用植物を中心に管理し、人為的
な生態系である人工林や里山から、狩場である自然林へと
繋がるような植生環境であったことが推察できる。里山で
は、漆液を採取するためのウルシ樹木の管理を行い、漆液
の採取時期を考慮しながら木地となる樹木を伐採・加工し
ていたと考えられる。漆の利用は、自然のサイクルを熟知
し、最大限に活かす、縄文時代の工芸技術の到達点であ
り、本遺跡は、高度な自然利用と成熟した精神文化を読み
取ることができる重要な遺跡である。 （小久保 拓也）

世界遺産になった！ 縄文遺跡

18. 関連資産　史跡長七谷地貝塚

青森県八戸市に所在する長七谷地貝塚は、北側に東流する五戸川をのぞむ丘陵上に、約3万㎡の範囲で広がる縄文時代早期後葉の貝塚を主体とした遺跡である。遺跡からは縄文時代早期後葉の遺構・遺物が発見されている。

本遺跡は大正年間には調査がなされ、是川遺跡を調査した東北帝国大学の長谷部言人が、澤田熊次郎（泉山斐次郎の実兄）の案内により調査を行い、「吹上貝塚」として紹介している。「長七谷地貝塚」は、1958（昭和33）年の慶應義塾大学の江坂輝彌らによる発掘調査によって命名された。

本遺跡の付近一帯に工業団地造成が計画されたため、1974（昭和49）年に八戸市が試掘調査を行い、8カ所の遺跡が発見された。1977（昭和52）年から貝塚及び周辺の発掘調査が行われ、縄文時代早期中葉から前期前葉の遺構・遺物が出土した。その後、1981（昭和56）年に貝塚を中心とした範囲が国史跡に指定され、保存されている。

発掘調査により、縄文時代早期後葉の貝塚・竪穴建物跡・土坑・焼土遺構が発見された。貝塚はブロック状で、大きく3カ所が見つかっており、底が尖った形の赤御堂式土器を伴う。貝塚からは土器・土製品・石器・石製品・骨角器・動物遺存体が出土した。骨角器は銛頭・刺突具・骨針・結合式釣針・装身具が出土した。動物遺存体は貝類・魚骨を主体とし、鳥獣骨は少ない。貝層は最大で1mの厚さで堆積しており、ハマグリ・オオノガイ・イソシジミ・ヤマトシジミ・カキ類・オキシジミ・アサリ・シオフキなど、二枚貝・巻貝を合わせて30種の貝が見つかっている。魚骨はスズキ・クロダイ・カツオ・サバ類・ヒラメ・カレイ科など20種が見つかり、獣骨はシカ・ツキノワグマ・キツネ・アシカ類が見つかった。鳥骨はアホウドリ類・ガン・カモ科の一種・カラス類がわずかに見つかった。

鹹水性のハマグリ・オオノガイが半数以上を占めることから、貝塚の近くには内湾があり、貝類の採取のほか、骨角器を使った活発な漁労活動が想定される。貝塚周辺の竪穴建物跡は赤御堂式より新しい早稲田5類土器が出土して

所在地：青森県八戸市桔梗野
時　代：縄文時代早期（約8,000年前）
主な遺構：貝塚・竪穴建物跡・土坑
主な遺物：土器・石器・土製品・石製品・骨角器・動物遺存体
アクセス：JR東北線陸奥市川駅下車、徒歩25分。
・八戸市営バス多賀台団地行き市川変電所下車、徒歩10分。

図1　上空からみた長七谷地貝塚（1977年）
（左上に見える水田が縄文時代早期は海だった）

図2　貝層の断面（1977年）
（矢印で示す明るい土層が八戸軽石群）

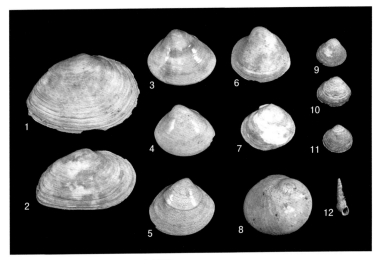

図3　出土した貝類
(1-2オオノガイ，3-5ハマグリ，6シオフキガイ，7エゾイ
ソシジミ，8ツメタガイ，9-11ヤマトシジミ，12ウミニナ)

図5　赤御堂式土器 (高さ32.3cm)

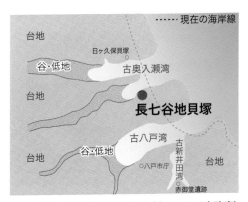

図6　縄文時代早期の八戸地域 (辻ほか2015を改変)

参考文献

青森県 2017「長七谷地貝塚」『青森県史資料編
　考古1』青森県史編纂グループ。
市川金丸ほか 1980『長七谷地貝塚』青森県埋
　蔵文化財調査報告書57，青森県教育委員会。
辻誠一郎ほか 2015「八戸地域の縄文時代草創
　期から中期の環境変動と集落生態系」『研究紀
　要』4，八戸市埋蔵文化財センター是川縄文館。

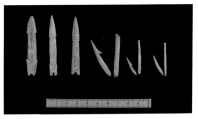
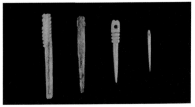

図4　銛先（上左）と結合式釣り針（上
　　右）、装身具（下左3点）、骨針
　　（下右端、長さ3.8cm）

　おり、貝塚とは少し時期が異なる。土坑は赤御堂式と早稲
田5類期のもので、炭化したオニグルミが出土している。

　内陸で見つかる貝塚が昔の海岸線を示すことは、1926
（昭和元）年には地理学者によって提示され、内陸に海が
入り込む「海進」が起きていたことが想定されていた。そ
の後の研究により、最終氷期から後氷期にかけての気候変
動による海進は、縄文時代の始まりとほぼ同時であるため
「縄文海進」と呼ばれている。八戸地域においても、村越
潔による研究のほか、市川金丸によって1969（昭和44）年
に想定図が作られ、縄文海進によってできた内湾は「古八
戸湾」と名付けられた。

　その後の研究により、八戸地域では、海の侵入や後退に
十和田火山の噴火が大きく影響していたことが明らかと
なっている（辻ほか 2015）。およそ15,500年前の八戸軽石
群・火砕流の噴出物などによって谷を埋め、後の海進に
よって、広大な遠浅の干潟が形成された。八戸地域におい
ては、およそ8,000年前に海進のピークを迎えており、内
湾の海産資源を最大限に活用した縄文人によって、長七谷
地貝塚がつくられたのである。内湾はその後、およそ5,900
年前の中掫軽石の噴出物によって埋め立てられ、海退に
よって現在の海岸線に変化している。

　長七谷地貝塚は、縄文人が、海進といった変動する環境
に適応し、内湾沿いの台地という立地環境に定住していた
ことを示す物証であり、縄文時代早期後葉の水産資源を活
かした生業を示す重要な遺跡である。　　　　（小久保　拓也）

19. 関連資産　史跡鷲ノ木遺跡

鷲ノ木遺跡は、北海道南西部にある噴火湾の南岸から約
1km内陸、湾に注ぐ桂川とその支流に挟まれた標高37m
〜73mの河岸段丘上に位置しており、縄文時代早期から
続縄文時代まで利用される（図1）。特徴は縄文時代後期
の環状列石や竪穴墓域等の祭祀・儀礼に関する遺構や遺物
である。遺跡には10世紀や17世紀の火山噴出物が1m以
上堆積し、環状列石等は後世の耕作や木の根による改変の
影響を受けず、良好な保存状態である。

環状列石は、平坦な地面に造られ、中央にある楕円形の
配石とそれを中心に環状に巡る二重の列石で構成される
（図2）。一番外側の列石は径36.9m×33.8mで極めて正円
に近い。平均30〜40cmの偏平・棒状の石が602個使用さ
れ、石の供給地は約1km離れた桂川河口付近とみられ
る。環状列石の1m外側に埋設土器が1基発見されてお
り、環状列石の時期の基準になる。全体がわかる状態で現
存する北海道最大規模の環状列石である。竪穴墓域は、環
状列石の南側約5mの位置にあり、竪穴は大きさ11.6m×
9.2m、深さ20cm程の楕円状に掘り窪められる（図3）。
竪穴内に土坑墓7基・ピット4基が造られている。土坑は
直径1〜2.3m、深さ0.3〜0.9mで、覆土の堆積や遺物出
土状況から墓と考えられる。ピットは供献品あるいは墓標
のような柱状のものを設置した可能性がある。環状列石の
東側約8mの位置にもよく似た遺構が発見され、竪穴の
底には炭化物や焼土が堆積している。竪穴墓域は、千歳市
キウス周堤墓群に見られる竪穴を掘り上げた土を周囲に積
み上げた周堤墓に関係する可能性も指摘される。環状列石
と竪穴墓域が隣接する様相は、鹿角市大湯環状列石等に見
られる周辺に掘立柱建物跡等を伴う環状列石とは異なる活
動が行われ、独特の景観が形成されていたと推測される。
当時の墓制や精神文化の解明に迫る重要な遺跡である。

環状列石等は、石がある桂川に近い標高37〜50mほど
の遺物包含層が広がる低位段丘ではなく、眺望が開けてい
る標高67〜73mの高位段丘に造られる。高位段丘では配

所在地：北海道茅部郡森町
時　代：縄文時代後期前葉（約4,100〜3,700
　　　　年前）
主な遺構：環状列石・竪穴墓域・配石遺構
主な遺物：鐸形土製品
アクセス：JR森駅から車で10分

図1　鷲ノ木遺跡と駒ヶ岳・噴火湾
（西より撮影）

図2　環状列石
（北より撮影）

図3　竪穴墓域
（西より撮影）

図4　配石遺構

図5　鐸形土製品
（左から3点目がイカ形）

石遺構4基、竪穴住居跡1軒が発見された。竪穴住居跡は環状列石よりやや古いと考えられ、環状列石の時期の集落と呼ぶには難しい。環状列石からは周囲の山並みや南東方向の駒ケ岳が見え、11月上旬の立冬の頃に駒ケ岳山頂からの日の出を望める。当時の人々が発見した祭祀・儀礼のための特殊な場所と考える。

　2003（平成15）年、森町教育委員会が高速道路（北海道縦貫自動車道路）建設に伴う発掘調査を行ったところ、事前に全く把握されていない大規模な環状列石が発見された。協議の末、2005（平成17）年に高速道路をトンネル化して環状列石を現状保存することが決定した。翌年、環状列石と竪穴墓域の範囲2720.5m²が史跡に指定され、2012（平成24）年に確認調査の成果から約8万m²の範囲が追加指定された。この間、遺跡地下のトンネル工事は一部を手作業で掘り進めるなど遺跡の現状維持に最善が尽くされ、2011（平成23）年に遺跡地下の高速道路は供用開始した。遺跡保存と高速道路の両立が図られ、国内に例の少ないトンネル上の遺跡の保存活用のあり方を模索しながら整備を進めることとなり、現在、遺跡を適切に保護し、活用していくための整備計画を作成している。

　環状列石が発見される1年前、隣接する鷲ノ木4遺跡から森町の名物である「いかめし」によく似た土製品が出土した（図4）。高さ11.4cm、頭部が三角形で縄文がついている。胴部は丸みがあり、表面は滑らか、中身は空洞である。これは縄文時代後期前葉に北海道南部から東北にかけて出土する鐸形土製品の一種である。鐸形土製品は中身が空洞で、お寺の鐘や銅鐸の形に似ることから付いた名称である。空洞の胴部内側に黒い煤状の付着物があり、火の使用に関わると見られる。環状列石がある遺跡から多数出土しており、祭祀・儀礼に使われた可能性がある。ユニークな出土品は森町遺跡発掘調査事務所（森町字森川町292番地24）に展示されている。　　　　　（髙橋　毅）

史跡 キウス周堤墓群
（北海道千歳市）

史跡 北黄金貝塚
（北海道伊達市）

史跡 入江・高砂貝塚（高砂貝塚）
（北海道洞爺湖町）

史跡 入江・高砂貝塚（入江貝塚）
（北海道洞爺湖町）

史跡 鷲ノ木遺跡【関連資産】
（北海道森町）

史跡 大船遺跡
（北海道函館市）

史跡 垣ノ島遺跡
（北海道函館市）

史跡 大平山元遺跡
（青森県外ヶ浜町）

特別史跡 三内丸山遺跡
（青森県青森市）

史跡 田小屋野貝塚
（青森県つがる市）

史跡 小牧野遺跡
（青森県青森市）

史跡 亀ヶ岡石器時代遺跡
（青森県つがる市）

史跡 二ツ森貝塚
（青森県七戸町）

史跡 大森勝山遺跡
（青森県弘前市）

史跡 長七谷地貝塚【関連資産】
（青森県八戸市）

史跡 是川石器時代遺跡
（青森県八戸市）

史跡 伊勢堂岱遺跡
（秋田県北秋田市）

史跡 御所野遺跡
（岩手県一戸町）

特別史跡 大湯環状列石
（秋田県鹿角市）

0   100km

国土地理院地理院地図アナグリフ（カラー）をもとに作成。

北海道・北東北の縄文遺跡群分布図

世界史と縄文時代略年表

年代	地質年代・気候	西アジア	ヨーロッパ	中国 長江中・下流域	中国 黄河中・下流域	主要遺産・世界遺産	縄文遺跡群の区分	世界遺産構成資産
13000 BCE	最古ドリアス期	旧石器時代					旧石器	大平山元
12000 BCE	ベーリング/アレレード期（更新世）	ナトゥーフ文化	旧石器時代	旧石器時代	旧石器時代			
11000 BCE							Ia*	
10000 BCE	新ドリアス期							
9000 BCE	寒冷化	先土器新石器時代A期				ギョベグリ・テペ（トルコ）／タッシリ・ナジェールの岩絵（アルジェリア）		
8000 BCE		先土器新石器時代B期	中石器時代					
7000 BCE		土器新石器時代		彭頭山文化		チャタル・ヒュユク（トルコ）		垣ノ島 長七谷地（関連資産）
6000 BCE	寒冷化（完新世）			跨湖橋文化	裴李崗・磁山文化		Ib	
5000 BCE		ウバイド文化	新石器化	河姆渡文化	仰韶文化		IIa	北黄金 田小屋野 二ツ森
4000 BCE	寒冷化					紅山文化遺跡群（中国）		
3000 BCE		シュメール文化	新石器時代	馬家浜文化	大汶口文化	クフ王のピラミッド（エジプト）／モヘンジョ・ダロの遺跡群（パキスタン）	IIb	三内丸山 大船 御所野
2000 BCE	寒冷化			良渚文化	龍山文化	ストーンヘンジ（英国）／バビロン（イラク）	IIIa	入江、小牧野、伊勢堂岱 大湯、鷲ノ木（関連資産）
1000 BCE	冷涼化	アッシリア王国	青銅器時代／鉄器時代		二里頭文化 二里岡文化／西周	アブ・シンベル神殿（エジプト）	IIIb	キウス、大森勝山 高砂、亀ヶ岡、是川
0					春秋・戦国／秦・漢／魏晋南北朝	秦の始皇陵（中国）	弥生／続縄文	

――― 土器の出現　　▨ 農耕を伴う先史文化（金属器なし）

＊縄文遺跡の定住ステージを示す。詳細は5頁参照。

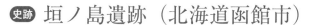
行ってみよう！
世界遺産になった
縄文遺跡

- JOMON JAPAN -
北海道・北東北の縄文遺跡群
https://jomon-japan.jp

🏠住所　😊営業時間　㊡休館日　☎電話番号　¥見学料金
🍴食事施設　🛍ショップ　Ⓖ遺跡ガイド　🚗駐車場
✋体験プログラム　📶公衆 Wi-Fi

キッズサイト
JOMONぐるぐる
https://jomon-japan.jp/kids

史跡 **垣ノ島遺跡（北海道函館市）**
史跡 **大船遺跡（北海道函館市）**

函館市縄文文化交流センター

🏠〒041-1613　北海道函館市臼尻町551-1
😊9:00～17:00（11月～3月は～16:30）
㊡月曜日・毎月最終金曜日及び年末年始
☎0138-25-2030
¥大人300円／小・中学生・高校生150円
🛍　Ⓖ予約不要　🚗
✋

函館市縄文
文化交流セ
ンター

【ガイダンス施設まで】
●JR 函館駅から車で60分
●JR 函館駅から函館バス「鹿部・古部・椴法華」行きで90分
　「垣ノ島遺跡下」下車徒歩10分
●JR 新函館北斗駅から車で60分（大沼経由）
●函館空港から車で40分

展示室

大船遺跡全景

国宝「中空土偶」、愛称は茅空（カックウ）

キウス周堤墓群展示コーナー

史跡 キウス周堤墓群（北海道千歳市）

千歳市埋蔵文化財センター

〒066-0001　北海道千歳市長都42-1

9:00～17:00

休 土・日曜日（毎月第２日曜日は開館）、祝・休日及び年末年始

T 0123-24-4210　¥ 無料

【遺跡まで】

- JR 長都駅から車で15分
- JR 千歳駅から車で15分
- 千歳東 IC から車で２分

北黄金貝塚情報センターの展示室

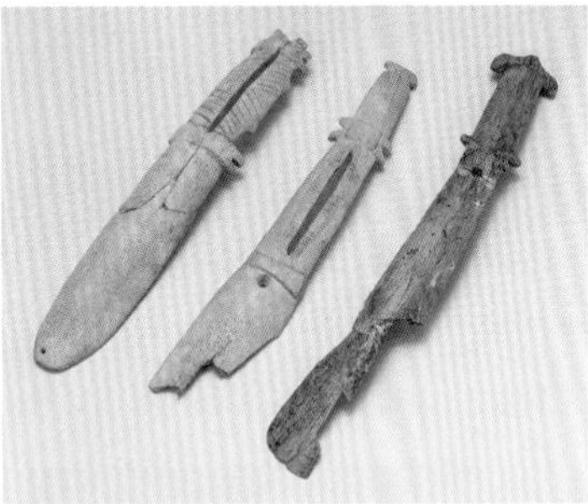
出土品

史跡 北黄金貝塚（北海道伊達市）

北黄金貝塚情報センター

〒059-0272　北海道伊達市北黄金町75

9:00～17:00　休 冬季（12月１日～３月31日）

T 0142-24-2122　¥ 無料

G 要予約

【遺跡・ガイダンスまで】

- JR 伊達紋別駅から車で20分
- JR 伊達紋別駅から道南バス「室蘭港」行きで20分「北黄金貝塚公園前」下車
- 道央自動車道室蘭 IC または伊達 IC から車で15分

入江・高砂貝塚館の外観（上）と展示室（下）

史跡 入江・高砂貝塚（北海道洞爺湖町）

入江・高砂貝塚館

〒049-5605　北海道虻田郡洞爺湖町高砂町44

9:00～17:00

休 月曜日（祝・休日の場合は翌日）及び12月～３月

T 0142-76-5802

¥ 大人150円／小・中学生・高校生100円

【遺跡・ガイダンスまで】

- JR 洞爺駅から車で５分
- 道央自動車道虻田洞爺湖 IC から車で10分

特別史跡 三内丸山遺跡（青森県青森市）

三内丸山遺跡センター

発掘調査の
案内

- 〒030-0031　青森県青森市三内字丸山305
- 9:00〜17:00（GW及び6〜9月は〜18:00）
- 休 第4月曜日（祝・休日の場合は翌日）及び年末年始
- 017-766-8282
- 大人410円／高校・大学生等200円／中学生以下無料
- れすとらん五千年の星　ミュージアムショップ・あおもり北彩館三内丸山店　三内丸山応援隊による定時ガイド（予約不要）　縄文ポシェット作り等

ボランティア
ガイド

【遺跡・ガイダンスまで】
- ●JR新青森駅から車で10分／●JR青森駅から車で20分
- ●JR青森駅から青森市営バス「三内丸山遺跡」行きで30分、ねぶたん号で40分
- ●東北自動車道青森ICから車で5分
- ●青森空港から車で30分

土器が並ぶ収蔵庫

展示室

史跡 小牧野遺跡（青森県青森市）

青森市小牧野遺跡保護センター（縄文の学び舎・小牧野館）

縄文の学び舎
小牧野館

- 〒030-0152　青森県青森市大字野沢字沢部108-3
- 9:00〜17:00
- 休 年末年始
- 017-757-8665
- 無料

【遺跡・ガイダンスまで】
- ●JR新青森駅から車で30分
- ●JR青森駅から車で30分
- ●青森自動車道青森中央ICから車で20分
- ●青森空港から車で15分

展示室

環状列石と岩木山

史跡 大森勝山遺跡（青森県弘前市）

裾野地区体育文化交流センター

〒036-1202　青森県弘前市十面沢字響8-9

9:00〜21:00

休 月曜日（祝・休日の場合は翌日）及び年末年始

0172-99-7072（展示等のお問い合わせは弘前市教育委員会文化財課まで。0172-32-1642）

¥ 無料

【遺跡・ガイダンスまで】

●JR弘前駅から車で40分

大森勝山遺跡の遺物等を展示

史跡 是川石器時代遺跡（青森県八戸市）

八戸市埋蔵文化財センター是川縄文館

〒031-0023　青森県八戸市是川字横山1

9:00〜17:00

休 月曜日（祝・休日の場合は翌日）及び年末年始

0178-38-9511

¥ 大人250円／高校・大学生150円／小・中学生50円

食事施設　　G 要予約　　

日曜日以外は2週間前までに予約

【遺跡・ガイダンスまで】

●JR八戸駅東口から南部バス「是川縄文館」行きで20分（土・日・祝日運行）

●八戸自動車道八戸ICから車で10分

赤漆塗り土器
（是川中居遺跡）

国宝合掌土偶
（風張1遺跡）

是川縄文館外観

史跡 亀ヶ岡石器時代遺跡（青森県つがる市）
史跡 田小屋野貝塚（青森県つがる市）

つがる市縄文住居展示資料館（カルコ）
- 〒 〒038-3138　青森県つがる市木造若緑59-1
- 😊 9:00〜16:00
- 休 月曜日（祝・休日の場合は翌日）及び年末年始
- ☎ 0173-42-6490
- ¥ 大人200円／高校・大学生100円／小・中学生50円

つがる市木造亀ヶ岡考古資料室
- 〒 〒038-3283　青森県つがる市木造館岡屏風山195
- 😊 9:00〜16:00
- 休 月曜日（祝・休日の場合は翌日）及び年末年始
- ☎ 0173-45-3450
- ¥ 大人200円／高校・大学生100円／小・中学生50円

亀ヶ岡石器時代遺跡と田小屋野貝塚共通
- Ｇ 土・日・祝日の10:00〜15:00（亀ヶ岡石器時代遺跡南側の「縄文遺跡案内所」に常駐）🚗 しゃこちゃん広場内および亀ヶ岡石器時代遺跡南側の仮設駐車場（大型バス可）

【遺跡まで】
- ●JR 木造駅から車で20分
- ●津軽自動車道柏 IC から車で20分
- ●亀ヶ岡石器時代遺跡は、JR 五所川原駅から弘南バス「五所川原〜市浦庁舎線」で40分「亀ヶ岡」バス停下車。田小屋野貝塚は弘南バス「田小屋野」下車

つがる市木造亀ヶ岡考古資料室では出土した遮光器土偶も展示

つがる市縄文住居展示資料館（カルコ）全景（左）と館内の復元竪穴住居内の展示（上）

史跡 二ツ森貝塚（青森県七戸町）

二ツ森貝塚館
- 〒 〒039-2752　青森県上北郡七戸町鉢森平181-26
- 😊 10:00〜16:00
- 休 月曜日（祝・休日の場合は翌日）及び年末年始
- ☎ 0176-68-2612
- ¥ 無料
- 📶 🚗 大型バス可
- ＊団体20人以上の場合は、入場制限を行う場合有

【遺跡・ガイダンスまで】
- ●JR 七戸十和田駅から車で15分
- ●青い森鉄道上北町駅から車で10分
- ●上北自動車道七戸 IC から車で6分

二ツ森貝塚館外観（上）と展示される西第Ⅱ号貝塚の剥ぎ取り断面（下）

史跡 大平山元遺跡（青森県外ヶ浜町）

外ヶ浜町大山ふるさと資料館

〒 〒030-1307　青森県東津軽郡外ヶ浜町字蟹田大平沢辺34-3

9:00～16:00

休 月曜日（祝・休日の場合は翌日）及び年末年始

0174-22-2577

¥ 無料　G（準備中）

【遺跡・ガイダンスまで】

●JR 大平駅から徒歩5分

●東北新幹線 JR 奥津軽いまべつ駅から車で20分

●JR 新青森駅から車で55分

円筒上層式
土器

史跡 御所野遺跡（岩手県一戸町）

御所野縄文博物館

〒 〒028-5316　岩手県二戸郡一戸町岩舘字御所野2

9:00～17:00（入館は16：30まで）

休 月曜日（祝・休日の場合は翌日）及び年末年始

0195-32-2652

¥ 大人300円／大学生200円／高校生以下無料

G 要事前予約

要事前予約

【遺跡・ガイダンスまで】

●IGR いわて銀河鉄道一戸駅から車で5分

●IGR いわて銀河鉄道一戸駅からバスで10分

●JR 二戸駅から車で15分

●八戸自動車道一戸 IC から車で5分

展示室

特別史跡 大湯環状列石（秋田県鹿角市）

大湯ストーンサークル館

〒 〒018-5421　秋田県鹿角市十和田大湯字万座45

9:00～18:00（11月～3月は～16:00）

休 11月～3月の月曜日（祝・休日の場合は翌日）及び年末年始

0186-37-3822　¥ 大人320円／小・中学生・高校生110円

G 10日前までに予約

【遺跡・ガイダンスまで】

●JR 鹿角花輪駅からバス「大湯温泉」行きで30分「大湯環状列石前」下車

●東北自動車道十和田 IC から車で15分

展示ホール

史跡 伊勢堂岱遺跡（秋田県北秋田市）

伊勢堂岱縄文館

- 〒018-3454　秋田県北秋田市脇神字小ヶ田中田100-1
- 9:00〜17:00
- 月曜日（祝・休日の場合は翌日）及び年末年始
- 0186-84-8710
- 無料
- 団体ガイドは要予約

【遺跡・ガイダンスまで】

- ●秋田内陸縦貫鉄道縄文小ヶ田駅から徒歩5分
- ●JR鷹ノ巣駅から車で15分
- ●大館能代空港から車で5分
- ●秋田自動車道伊勢堂岱ICから車で1分

板状土偶の大型レプリカ展示

伊勢堂岱縄文館
外観

展示室

関連資産　史跡　鷲ノ木遺跡（北海道森町）

森町遺跡発掘調査事務所

- 〒049-2313　北海道茅部郡森町字森川町292-24
- 9:00〜16:00
- 祝・休日及び年末年始
- 01374-3-2240
- 無料

展示室の様子（上）環状列石の模型展示（下）

関連資産　史跡　長七谷地貝塚（八戸市）

八戸市博物館

- 〒039-1166　青森県八戸市根城字東構35-1
- 9:00〜17:00　月曜日（祝・休日の場合は翌日）及び年末年始
- 0178-44-8111　大人250円／高校・大学生150円／小・中学生50円

【遺跡まで】

- ●青い森鉄道陸奥市川駅から徒歩25分
- ●八戸自動車道八戸北ICから車で8分

【八戸市博物館まで】

- ●JR八戸駅東口バスターミナルより田面木経由中心街方面行き約12分、「根城」下車徒歩1分

八戸市博物館外観

写真・資料提供一覧

おわりに

　2009年1月にユネスコの世界遺産暫定一覧表に記載されて以来、登録実現を目指し、青森県、北海道、岩手県、秋田県の4道県及び関係自治体では連携しながら取り組みを進めてきた。三村申吾青森県知事を本部長に登録推進本部を立ち上げ、事務局を青森県教育委員会文化財保護課（現在は企画政策部世界遺産登録推進室）に置いた。また、道県市町の文化財保護行政関係者の実務者で構成する登録推進会議も同時に設置し、私が座長を務めることとなった。さらに、専門的な事項について議論を進めるため、考古学、環境史、世界遺産の専門家からなる専門家委員会も設置し、菊池徹夫早稲田大学名誉教授に委員長をお願いした。

　体制を整備するとともに、推薦書作成にも本格的に着手し、縄文時代（文化）の定義、年代観はもちろん、各地域の縄文遺跡との比較、構成資産の候補となる遺跡の評価などについての検討を重ねた。しかしながら、ユネスコへの推薦が得られない状況が続いたが、ようやく2018年に文化審議会文化財部会においてユネスコの推薦候補に選ばれたものの、日本政府として自然遺産を優先して推薦することになり、縄文遺跡群の推薦先送りされることとなった。翌2019年に再び審議会において推薦候補に選ばれ、省庁連絡会議を経て、推薦書の提出、イコモス（国際記念物遺跡会議）による現地調査などが行われた。2021年5月のイコモス勧告では推薦書で主張した遺跡群の価値がほぼ全面的に認められ、高い評価を戴くこととなり、7月の世界遺産委員会で正式に議決され、登録は実現することとなった。

　本書は、縄文遺跡群の価値や基本的事項についてわかりやすく解説するとともに、各遺跡については常日頃から遺跡と直接向き合いながら仕事を進めている自治体の専門職員に執筆いただくことにした。10年以上となる縄文遺跡群の取り組みや縄文遺跡群の価値について理解するために、本書をご一読いただければありがたい。

　最後に御多忙にも関わらず玉稿をいただいた菊池先生をはじめ、日々の業務に精励しながらも執筆いただいた皆様に感謝する次第である。

2021年7月

縄文遺跡群とともに　岡田康博

執筆者と執筆分担紹介 （五十音順）

赤坂朋美（あかさか　ともみ）
　鹿角市教育委員会大湯ストーンサークル館
　第2部―12

阿部千春（あべ　ちはる）
　北海道環境生活部文化局縄文世界遺産推進室
　第1部―3、第2部―7

市川健夫（いちかわ　たけお）
　八戸市埋蔵文化財センター是川縄文館
　第1部―13

岩田安之（いわた　やすゆき）
　青森県教育庁
　第1部―9

榎本剛治（えのもと　たけはる）
　北秋田市教育委員会
　第1部―10、第2部―11

小笠原雅行（おがさわら　ただゆき）
　青森県三内丸山遺跡センター
　第1部―8・11

岡田康博（おかだ　やすひろ）
　編者
　第1部―1・5・7

菅野紀子（かんの　のりこ）
　一戸町教育委員会
　第2部―8

小久保拓也（こくぼ　たくや）
　八戸市埋蔵文化財センター是川縄文館
　第2部―17・18

児玉大成（こだま　だいせい）
　青森市教育委員会
　第2部―10

小林由夏（こばやし　ゆか）
　七戸町教育委員会
　第2部―5

駒田　透（こまだ　とおる）
　外ヶ浜町教育委員会

第2部―1

東海林　心（しょうじ　こころ）
　弘前市教育委員会
　第2部―14

神　昌樹（じん　まさき）
　青森県企画政策部
　第1部―12

高橋　毅（たかはし　つよし）
　森町教育委員会
　第2部―19

角田隆志（つのだ　たかし）
　洞爺湖町教育委員会
　第2部―9・15

豊田宏良（とよた　ひろよし）
　千歳市教育委員会
　第2部―13

中門亮太（なかかど　りょうた）
　文化庁
　第1部―2

中澤寛将（なかさわ　ひろまさ）
　青森県企画政策部
　第1部―4

永谷幸人（ながや　ゆきひと）
　伊達市噴火湾文化研究所
　第1部―6、第2部―3

中村美杉（なかむら　みすぎ）
　青森県立郷土館
　第2部―6

羽石智治（はねいし　ともはる）
　つがる市教育委員会
　第2部―4・16

福田裕二（ふくだ　ゆうじ）
　函館市教育委員会
　第2部―2

世界遺産になった！縄文遺跡
<ruby>世界遺産<rt>せかいいさん</rt></ruby>　<ruby>縄文遺跡<rt>じょうもんいせき</rt></ruby>

■編著者略歴■

岡田康博（おかだ　やすひろ）

1957年、青森県生まれ

現在、青森県企画政策部世界文化遺産登録推進室　世界遺産登録専門監

主要著書論文

「定住の開始と集落の出現」・「大規模集落の展開と貝塚」『列島文化のはじまり』史跡で読む日本の歴史第1巻、吉川弘文館、2009年

「世界遺産を目指す「JOMON」特集縄文文化と現代—三内丸山に学ぶ—」『観光文化』Vol. 201、2010年

「「掘る」から「護る」「活かす」へ　特集埋蔵文化財行政を考える」『都市問題』第104巻第9号、2013年

『三内丸山遺跡』日本の遺跡48、同成社、2014年

『世界遺産登録実現への期待』㈱あおもり創生パートナーズ、2021年

2021年9月30日発行

編著者　岡田康博

発行者　山脇由紀子

印　刷　亜細亜印刷㈱

製　本　協栄製本㈱

発行所　東京都千代田区飯田橋4-4-8　㈱同成社
　　　　（〒102-0072）東京中央ビル
　　　　TEL 03-3239-1467　振替 00140-0-20618